HÁBITOS
QUE LIBERTAM

OS SEGREDOS DE UMA VIDA EXTRAORDINÁRIA

2ª EDIÇÃO

Editora Appris Ltda.
2ª Edição - Copyright© 2024 do autor
Direitos de Edição Reservados à Editora Appris Ltda.

Nenhuma parte desta obra poderá ser utilizada indevidamente, sem estar de acordo com a Lei nº
9.610/98. Se incorreções forem encontradas, serão de exclusiva responsabilidade de seus organizadores. Foi realizado o Depósito Legal na Fundação Biblioteca Nacional, de acordo com as Leis nos
10.994, de 14/12/2004, e 12.192, de 14/01/2010.

Catalogação na Fonte
Elaborado por: Josefina A. S. Guedes
Bibliotecária CRB 9/870

L769h 2024	Lisboa, Gian Hábitos que libertam : os segredos de uma vida extraordinária / Gian Lisboa. 2. ed. – Curitiba: Appris, 2024. 136 p. ; 23 cm. – (Geral). Inclui referências. ISBN 978-65-250-5729-3 1. Mudança de hábitos. 2. Sucesso. 3. Felicidade. 4. Motivação (Psicologia). I. Título. II. Série.
	CDD – 158.1

Livro de acordo com a normalização técnica da ABNT

Appris
editora

Editora e Livraria Appris Ltda.
Av. Manoel Ribas, 2265 – Mercês
Curitiba/PR – CEP: 80810-002
Tel. (41) 3156 - 4731
www.editoraappris.com.br

Printed in Brazil
Impresso no Brasil

HÁBITOS
QUE LIBERTAM

OS SEGREDOS DE UMA VIDA EXTRAORDINÁRIA

GIAN LISBOA

Appris
editora

2ª EDIÇÃO

FICHA TÉCNICA

EDITORIAL Augusto Coelho
Sara C. de Andrade Coelho

COMITÊ EDITORIAL Marli Caetano
Andréa Barbosa Gouveia (UFPR)
Jacques de Lima Ferreira (UP)
Marilda Aparecida Behrens (PUCPR)
Ana El Achkar (UNIVERSO/RJ)
Conrado Moreira Mendes (PUC-MG)
Eliete Correia dos Santos (UEPB)
Fabiano Santos (UERJ/IESP)
Francinete Fernandes de Sousa (UEPB)
Francisco Carlos Duarte (PUCPR)
Francisco de Assis (Fiam-Faam, SP, Brasil)
Juliana Reichert Assunção Tonelli (UEL)
Maria Aparecida Barbosa (USP)
Maria Helena Zamora (PUC-Rio)
Maria Margarida de Andrade (Umack)
Roque Ismael da Costa Güllich (UFFS)
Toni Reis (UFPR)
Valdomiro de Oliveira (UFPR)
Valério Brusamolin (IFPR)

SUPERVISOR DA PRODUÇÃO Renata Cristina Lopes Miccelli

ASSESSORIA EDITORIAL William Rodrigues

REVISÃO José A. Ramos Junior

PRODUÇÃO EDITORIAL William Rodrigues

DIAGRAMAÇÃO Maria Vitória Ribeiro Kosake

CAPA Carlos Pereira

Dedico este livro às pessoas que mais amo neste mundo: Lauren, minha esposa, um presente enviado por Deus na minha vida, para juntos conquistarmos o inimaginável. Aos meus pais, Clóvis e Marlei, que, além de terem me dado o melhor presente do mundo — a vida —, proporcionaram para mim e minhas irmãs uma educação ímpar; com muito esmero e dedicação.

E à minha filha, Manuela, que amo de paixão, gratidão infinita por ter escolhido vir em nossa família e, com esse seu jeitinho especial, fazer nosso mundo melhor desde a sua chegada.

"Minha flor, minha cor
Minha cara
[...]
Não sei quanto o mundo é bom
Mas ele está melhor
Desde que você chegou
E explicou o mundo pra mim"

(Nando Reis)

AGRADECIMENTOS

O caminho para chegar até aqui, com o primeiro livro escrito, foi longo. Nesse período, tive muitas pessoas que passaram pela minha vida e gostaria de expressar minha gratidão, porque todas foram importantes na construção do meu crescimento profissional e pessoal. Assim, posso dizer que este livro foi escrito por muitas mãos.

Quero começar agradecendo aos meus pais, Clóvis e Marlei. Mesmo com todas as dificuldades da vida e com a incerteza na criação de seus três filhos, me criaram e me moldaram com a maioria dos valores que carrego comigo. Por meio de bons exemplos, me ensinaram como construir uma vida de superação, honra e glórias. Às minhas maravilhosas irmãs Lilian e Natássia, que, com meus cunhados Milton Jr. e Pablo, respectivamente, sempre me apoiaram e me incentivaram em todas as decisões que tomei na minha vida. Também quero deixar meu carinho aos meus sobrinhos Lucas e Mariana, que, ao nascerem, me fizeram pensar em como eu poderia ser um exemplo e como deixar um legado neste mundo. À minha filha amada, Manuela, por me impulsionar e incentivar a ser uma pessoa melhor todos os dias, não apenas por mim, mas por ela e por todos. Te amo infinito x infinito.

E à minha amada Lauren, que me apoia incondicionalmente e, mais do que isso, me joga para cima com sua autoestima inabalável, com seu conhecimento e com sua grandíssima fé e amor. Te amo demais!

Meus agradecimentos se estendem à minha segunda família, aquela que ganhei quando fui acolhido por meus sogros e que são como meus segundos pais: Sr. Celso e Dona Liane. E estendo o meu muito obrigado ao Henrique, à Fernanda, à Ursula, ao Ricardo e também ao Vô Sona e à Vó Loti, ambos *in memoriam*.

Um agradecimento especial a todos os meus amigos, colegas e familiares com quem pude compartilhar alguns ensinamentos, ajudando e sendo ajudado. A vida é sempre uma via de mão dupla, em que o conhecimento quando repassado se mantém vivo. Dessa forma, quando tenho a oportunidade de repassar um conhecimento que aprendi, estou aprendendo pela segunda vez. Gratidão por isso!

Um agradecimento especial também para todos os meus mentores. Começo por Wendell Carvalho, que me inspirou demais no início da minha trajetória e nessa jornada pela busca do desenvolvimento humano. Obrigado por continuar me inspirando todos os dias para a construção de uma vida épica.

Ao *trainer* Bruno Barbosa, que me auxiliou e mentoreou, pessoalmente, por meio do treinamento Liderança para Obter Resultados Através de Pessoas (Lorap), da Vithall. Treinamento este que, apesar de ser focado em liderança, tem um conteúdo ímpar e completo para desenvolver qualquer ser humano. Afinal, para ser um bom líder é necessário entender com profundidade sobre pessoas, para só então conseguir a cooperação delas e liderar verdadeiramente.

Meu muito obrigado igualmente a todos aqueles que cederam, gentil e generosamente, declarações e informações para que este livro pudesse ser enriquecido e finalizado.

Por fim, agradeço a Deus, por me dar a benção e a permissão de ser cada dia uma pessoa melhor. Ao Senhor Jesus Cristo e ao Espírito Santo por me conceder a honra de estar aqui neste mundo, cumprindo minha missão de impactar vidas. Afinal, é disso que se trata.

SUMÁRIO

COMECE AQUI...12

CAPÍTULO I
Prisioneiros 18

CAPÍTULO II
O segredo da libertação 24

CAPÍTULO III
O prisioneiro do tempo 30

CAPÍTULO IV
O prisioneiro do trabalho 38

CAPÍTULO V
O prisioneiro das contas....................................44

CAPÍTULO VI
O prisioneiro das tarefas 50

CAPÍTULO VII
O prisioneiro da saúde 62

CAPÍTULO VIII
O prisioneiro das emoções................................ 70

CAPÍTULO IX
A transformação... 84

CAPÍTULO X
O prisioneiro das distrações 90

CAPÍTULO XI
O prisioneiro da culpa 98

CAPÍTULO XII
O diagnóstico 104

CAPÍTULO XIII
Hábitos Poderosos — Método MECI 112

CAPÍTULO XIV
O poder da libertação é a ação que te liberta 120

CAPÍTULO XV
As chaves da liberdade 126

CAPÍTULO XVI
Hábitos da superprodutividade.......................... 132

CONSIDERAÇÕES FINAIS......................... 134

COMECE AQUI

COMECE AQUI

Você certamente decidiu ler este livro porque em algum setor da sua vida se sente preso e, possivelmente, em certo momento já tentou se livrar dessas algemas. Mas ainda permanece o sentimento de uma pessoa encarcerada, aprisionada pelo seu próprio destino. Você pode ter tentado de todas as formas e, apesar disso, ainda não encontrou as chaves corretas para abrir essas algemas. As chaves que te libertarão de vez dessas amarras que a vida te colocou.

Sua vontade agora é de abrir uma porta e sair correndo, sem olhar para trás. Se livrar definitivamente de todo aquele mundo de insegurança, procrastinação e autossabotagem, de toda aquela dor e sofrimento de anos. Seu desejo é deixar todos esses sentimentos em um lugar tão distante, mas tão distante, que eles nunca mais poderão te alcançar.

Do outro lado dessa porta da libertação, está o seu mundo ideal, o cenário que você sempre sonhou, em que tudo é possível, em que você conquista o que deseja e você sabe o que realmente quer, tem liberdade de escolha e é nesse lugar também que as pessoas te apoiam, sejam quais forem as suas decisões. Nesse mundo, você e sua família são felizes e prósperos. E é nele, nesse local, que você se sente como um super-herói. Em que você é capaz de tudo e, com toda a sua garra, com muita força de vontade, dedicação e todo o merecimento, conquista o apoio das pessoas que você ama e pode usar o seu livre-arbítrio, chegando, enfim, a uma vida memorável. Uma história linda e digna de ser contada.

Você tem uma vida extraordinária.

É você deixando um legado.

> "Ninguém pode voltar atrás e fazer um
> novo começo mas qualquer um pode
> recomeçar e fazer um novo fim."
>
> (Chico Xavier)

Fico feliz que esteja aqui porque o primeiro passo você já deu. Você escolheu este livro e o início desta leitura significa que você já sabe o que quer. Então saiba que essa escolha não foi à toa e isso é o mais importante. Você quer mudar de vida, você quer ir em busca de ter dignidade e uma vida próspera e eu quero agora, desde já, firmar um pacto com você. Quero que você leia este livro até o fim porque eu tenho certeza de que o conteúdo dele, se bem aplicado, te jogará para outro nível; mas também porque, ao terminar esta leitura, você estará acima da média de pessoas comuns.

Certa vez eu li reportagens que, em pesquisas de instituições como IBGE, Instituto Pró-Livro e Itaú Cultural, afirmam que a maioria dos brasileiros não costuma terminar os livros que começam a ler. Então, esse desafio de concluir a leitura deste livro é a prova de que você mesmo poderá sair da mediocridade e se colocar em um outro patamar, um acima, entre tantos outros leitores brasileiros. Mas o melhor é que você estará um nível acima do que você estava ontem, ou está hoje, afinal de contas, você deve estar sempre progredindo, crescendo, escalando, subindo os degraus da vida, é estar hoje melhor do que ontem, e amanhã melhor do que hoje. Compare-se sempre com você mesmo. Por isso já será uma dupla conquista por si só e te parabenizo desde agora por buscar informação e querer melhorar como pessoa. Começando por este livro. E quando você chegar lá no final, quero te dar os parabéns por tê-lo terminado. Afinal, você agora é alguém com hábitos do bem, hábitos positivos, hábitos de prosperidade, você entende e sabe o que é um HP e como criá-lo!

Saiba que nem todas as pessoas obtêm clareza e consciência de que é necessário andar em direção aos seus sonhos e a uma vida extraordinária, em abundância. E outro ponto a ser destacado aqui é que, mesmo sabendo que é necessário se mover (e isso já é um mérito), talvez você ainda não saiba onde pisar exatamente, para onde ir ou qual caminho seguir para guiar seus passos até seus objetivos e seus sonhos.

Talvez você nem saiba em que direção seguir. E está tudo bem! Talvez ainda não tenha a confiança necessária para saber quem você quer ser e por que isso é importante na sua vida. Está tudo certo!

Tenha calma! É um passo de cada vez.

Acredito, do fundo do meu coração, que ao final desta leitura tudo estará mais claro.

Se por algum motivo você tem a crença de que não termina as coisas que começa, acredite, esse vai ser o seu ponto da virada. Eu acredito em você! Sei que você tem a capacidade de se comprometer consigo mesmo e terminará de ler este livro.

Quando folhear a última página, fechar o livro e olhar para a contracapa, um mundo mágico estará diante de você. Essa é a magia que uma leitura traz para as pessoas. Porque não é possível "desler" o que você vai ler e aprender sobre tudo o que vou revelar nas páginas a seguir.

Você estará de frente para a sua Porta da Liberdade. Ficará livre para seguir a sua vida porque terá em suas mãos as chaves conquistadas por meio desta jornada literária. Bastará você colocá-las nas fechaduras da porta correta e se desprender para uma nova vida, uma vida de liberdades.

A vida que todos merecem ter e você também merece. Uma vida extraordinária, de abundância em todas as áreas.

É real.
É possível.
Vamos juntos!

Seja bem-vindo ao seu novo mundo. Uma nova vida começa agora! Desejo-lhe um ótimo aprendizado e uma jornada extraordinária!

Boa leitura.

CAPÍTULO I

"

Quando eu saí
em direção ao portão
que me levaria à liberdade,
sabia que, se não deixasse
minha amargura e
meu ódio para trás,
ainda estaria na prisão.

(Nelson Mandela)

CAPÍTULO I

PRISIONEIROS

"Quando eu saí em direção ao portão que me levaria à liberdade, sabia que, se não deixasse minha amargura e meu ódio para trás, ainda estaria na prisão."

Nelson Mandela

No geral, as pessoas sentem-se presas por diversos motivos que vão aparecendo em suas vidas.

A nossa vida começa como um enorme quadro branco em que a cada dia, por meio de acontecimentos, e conforme vamos vivenciando esses momentos, durante o crescimento e amadurecimento, vamos formando uma imagem, sendo pintada pelo grande pintor que é o nosso destino.

Recebemos uma pincelada a cada dia vivido. A imagem da nossa vida começa pequena, rabiscos e pinceladas ainda formam uma imagem que não conseguimos identificar, mas que será importante para a formação do resultado final. A imagem que buscamos obter para olharmos, mostrarmos aos outros, nos orgulharmos e, sejamos sinceros, para inflarmos um pouco o nosso ego.

Essa imagem é formada por traços. Cada traço é formado pelas ações que tivemos e que foram decididas provavelmente pelas nossas influências, que podem vir pela ambiência, de onde moramos, dos lugares que frequentamos e da sociedade em que estamos inseridos, esses ambientes têm uma forma cultural de cultivar a vida. Outros traços importantíssimos para a formação dessa imagem é bem comum virem também pela influência de outras pessoas, dos nossos pais, tios, avós, parentes, vizinhos, amigos, padres, pastores e professores.

O grande problema é que muitas vezes esses traços ficam soltos, pois a tela branca vai recebendo pinceladas no decorrer da vida que não se encaixam perfeitamente, e por mais que tentemos durante toda a vida, não formam uma imagem nítida. Não conseguimos enxergar uma imagem sequer. Falta a clareza!

Durante a jornada da vida, alguns tipos de prisão vão sendo desencadeados por tudo que nos envolve ou que nos acontece, ou seja, fizemos a aquisição de um tipo de comportamento com o qual assumimos como sendo uma verdade nua e crua. A minha verdade, a sua verdade, a nossa verdade.

Esse tipo de prisão pode ser causado por duas formas, ou por um forte impacto emocional, quando vê, ouve ou sente algo de forma muito intensa, causando um trauma muito forte, normalmente na infância, mas que pode ocorrer a qualquer momento da vida; ou por repetição, quando vê, ouve ou sente determinada coisa repetidas vezes por um longo tempo.

Então, pelas influências ou pelos traumas, adquirimos o que chamamos de crenças limitantes. O próprio nome já diz, uma crença limitante é algo que a pessoa acredita ser verdade e que a impede de fazer o que precisa ser feito, a impede de fazer o que sempre quis fazer, a impede de ser feliz, limitando a sua vida. Essa ou essas crenças nos impedem de alcançar o nosso melhor. Elas nos impedem de ter uma família harmônica, uma saúde de ferro, de ter a casa dos sonhos, o carro do ano e de fazer ao menos uma viagem de férias por ano ou aquela viagem que sonhava fazer desde a adolescência. Elas também nos privam de alcançar a tão desejada independência financeira, de ajudar outras pessoas que necessitam, de andar de cabeça erguida ou de ter uma vida social ativa com amigos verdadeiros, daqueles que podemos contar a qualquer momento e, realmente, nos privam de ter uma vida de plenitude dentro das mais diversas áreas da roda da vida. Acredite, você merece tudo isso!

Vamos fazer um pequeno exercício prático (rápido e poderoso) antes de entrar na jornada da sua liberdade para você começar a sentir o poder que existe aí dentro. Leia com atenção a instrução a seguir, pois você tem duas opções para fazer o exercício.

Você pode fechar os olhos e olhar para dentro de si ou ir em frente a um espelho para olhar profundamente em seus olhos e repetir três vezes, em voz alta e firme, com muita convicção e com toda a verdade que existe dentro de você, ou ainda olhar para cima com o peito estufado, ombros pra trás como se estivesse proclamando para uma força maior qualquer que você acredite — eu mesmo faço pensando em Deus, e Ele sempre me ouve. Feche os olhos agora e fale com uma voz forte:

EU POSSO TER UMA VIDA ABUNDANTE!
EU CONSIGO TER UMA VIDA DIGNA!
EU MEREÇO TER UMA VIDA EXTRAORDINÁRIA!

EU POSSO!
EU CONSIGO! EU MEREÇO!

EU POSSO!
EU CONSIGO! EU MEREÇO!

CAPÍTULO II

"

Ter liberdade é ser
tudo aquilo que você
nasceu pra ser,
fazendo da sua vida
uma história digna
de ser contada.

(Gian Lisboa)

CAPÍTULO II

O SEGREDO DA LIBERTAÇÃO

"Ter liberdade é ser tudo aquilo que você nasceu pra ser, fazendo da sua vida uma história digna de ser contada."

Gian Lisboa

Antes de te falar sobre as chaves que irão te libertar, eu quero te falar um pouco sobre a importância de buscar essa tal liberdade. Se você for procurar no dicionário, vai encontrar como definição da palavra "liberdade" a seguinte explicação:

> **LIBERDADE**
> substantivo feminino
>
> Grau de independência legítimo que um cidadão, um povo ou uma nação elege como valor supremo, como ideal.

Já pela definição filosófica, a palavra "liberdade" é classificada como a independência do ser humano, autonomia, autodeterminação, espontaneidade e intencionalidade. Pode ser entendida em um sentido amplo, ou mais restrito, pensado como liberdade a definição dada pela área do direito.

Veja alguns exemplos de liberdades:

- Liberdade de pensamento
- Liberdade de opinião
- Liberdade de expressão
- Liberdade religiosa
- Liberdade de imprensa
- Liberdade de ir e vir
- Liberdade condicional
- Liberdade financeira

A liberdade é um dos temas principais tratados pela tradição da filosofia. Uma das primeiras definições de liberdade está presente no pensamento de Aristóteles. Para ele, a liberdade está baseada na possibilidade de realizar escolhas orientadas pela vontade. "A liberdade é a capacidade de decidir-se a si mesmo para um determinado agir ou sua omissão". Logo, liberdade é o princípio para escolher entre alternativas possíveis. Entretanto, a liberdade deveria estar acompanhada do conhecimento. Para Aristóteles, o conhecimento é a ferramenta capaz de ampliar as possibilidades de escolha e tornar o indivíduo mais livre e capaz de realizar sua finalidade: a busca pela felicidade. Na filosofia medieval, a liberdade estava diretamente relacionada com a faculdade do livre-arbítrio. Os seres humanos são dotados de liberdade por Deus para que possam (livremente) seguir os ensinamentos Dele e alcançarem uma vida virtuosa orientada pela fé.

Então, podemos definir que a Liberdade é a obtenção do Poder de escolha e independência por meio do Conhecimento. Quando fazemos essas escolhas, baseadas em nossa vontade, é o momento em que temos o encontro tão almejado com a felicidade.

Criei este *framework* que exemplifica exatamente isso:

Figura 1
Conhecimento > Poder de escolha > Liberdade = Felicidade
Fonte: o autor.

Com base nisso, reflita agora sobre você e sobre a sua vida:

- Hoje você pode ir aonde quiser?
- Seu direito de ir e vir existe, mas você tem condições financeiras, de saúde ou de tempo para ir aonde desejar?
- Você pode comer o que tem vontade?
- Pode morar onde quer?
- Pode tirar férias quando e onde quiser?
- Pode escolher com quem andar, escolher com quem ou o que trabalhar?
- Pode falar sobre os seus sentimentos com as pessoas que ama?
- Pode comprar o que tem vontade? Mesmo que possa, consegue escolher como pagar? À vista ou parcelado?
- Pode realmente fazer o que quiser e quando quiser?

Essas são perguntas que, quando eu fiz a mim mesmo, pela primeira vez, caiu uma ficha. Me fez entender que eu realmente não era livre, que eu tinha muitas limitações e que eu merecia mais, muito mais! Que eu merecia, pelo menos, poder comer as comidas que eu gosto, sem que o dinheiro, ou a falta dele, pudesse me limitar ou definir minhas opções. Depois, comecei a me perguntar: "Estou morando onde quero morar ou estou em um local onde minha capacidade financeira me permite?".

Na sequência, vários outros questionamentos foram abrindo a minha mente, mostrando que realmente eu não era tão livre assim. Pelo menos, não como eu merecia ser. E não é soberba.

É claro que eu acredito que devemos agradecer e honrar tudo o que foi criado e conquistado por nós. Sermos felizes por isso. Mas não precisamos necessariamente aceitar, e esse entendimento é de cada um. Você pode aceitar ter uma vida medíocre — que é estar na média — e está tudo bem. Cada um vive as suas próprias escolhas.

Falar sobre liberdade e escolhas me lembra de um fato absurdamente interessante. Vou compartilhar com você:

> Um soldado, no século XIX, atuava no serviço militar e gostava do que fazia, mas o seu ordenado vinha atrasado regularmente. Conta a história de que em um dia,

quando ficou realmente incomodado com o atraso recorrente, e precisando de dinheiro para sua própria sobrevivência, teria liderado uma revolta contra o não recebimento dos salários. Na ocasião, por ser o líder, ele foi condenado à forca porque era privado da liberdade de expressão. Esse fato ocorreu no antigo bairro da Pólvora, em São Paulo. Mas o que ninguém esperava na época era que a corda em que seria enforcado arrebentaria três vezes, fazendo com que a população que assistia ao ato começasse a gritar: "Liberdade! Liberdade!" Foi essa história que deu nome ao bairro turístico de São Paulo, Liberdade. E, tempos depois, foi tomado por imigrantes japoneses que, ali também, buscavam a sua liberdade e esperança por dias melhores.

Devemos sempre buscar a liberdade, seja ela qual for. Por isso, a minha sugestão é que você comece por onde se sente mais preso, mais incomodado. Quando buscamos nossa liberdade estamos sendo dignos da vida que Deus nos deu. Não viemos aqui a passeio. Viemos para evoluir, para crescer e deixar um legado.

Então, é muito simples, ter liberdade é justamente ser tudo aquilo que você nasceu para ser, fazendo da vida uma história digna e merecedora de ser contada.

Você está pronto para escrever novas páginas na sua história.

CAPÍTULO III

> **O tempo é um bem comum a todos, o que faz a diferença é como cada um gasta o seu.**
>
> (Alexandre Sessa)

CAPÍTULO III

O PRISIONEIRO DO TEMPO

"O tempo é um bem comum a todos, o que faz a diferença é como cada um gasta o seu."

Alexandre Sessa

Eu tinha apenas 13 anos quando comecei a trabalhar, era muito cedo, eu sei, mas foi por uma boa causa, queria muito uma bicicleta que tinha visto na vitrine das lojas Colombo. Não era qualquer bicicleta, era uma bicicleta vermelha feita de alumínio, ela brilhava toda suspensa por cabos de aço naquela vitrine iluminada da loja, corri pra casa e pedi aos meus pais, como toda criança faria quando vislumbra um sonho, mas claro que não ganhei. Porém, depois de muita insistência, e eu já era bom nisso, meu pai disse que não tinha o dinheiro, mas que eu mesmo poderia comprá-la trabalhando meio turno na empresa deles, e foi com essa decisão que eu consegui comprar a bicicleta que me acompanhou por mais de 15 anos. Quando foi roubada em 2007, confesso, que perdi alguns momentos da minha infância também em função de estar trabalhando. Muitas vezes eu enxergava a minha turma de amigos combinando de se reunir para brincar, se divertir ou até mesmo só para jogar conversa fora, tudo isso enquanto eu trabalhava. Mas não me arrependo.

O que eu quero dizer com toda essa história é que na época, lembro muito bem de pensar que se o dia fosse mais longo, eu teria tempo mais tempo, teria tempo suficiente para estudar, trabalhar e ainda poder brincar com os amigos, tudo em um único dia. Já imaginou se todos os dias tivessem um turno a mais? Para o prisioneiro do tempo, as 24 horas nunca serão suficientes.

> **"O Prisioneiro do Tempo sente-se lutando contra o relógio e sempre faltam horas no seu dia."**

Na minha vida esse pensamento sempre foi muito presente. Eu lembro de dizer com frequência de que meu dia precisaria ser igual ao banco Itaú, com 30 horas. Foi então que concluí o segundo grau e agora poderia ter mais tempo, afinal eu não teria que ir pra escola, nem mesmo estudar, fazer os temas de casa ou trabalhos para apresentar, tava tudo resolvido. Acontece que acabei aumentando a minha carga de trabalho, comecei a trabalhar em turno integral pra garantir um rendimento maior. Meu sonho sempre foi ter duas fontes de renda. Esse sonho surgiu de repente e lembro como se fosse hoje.

Era uma noite normal, eu não deveria ter mais do que 14 anos, ainda no ímpeto de alguém que nunca tinha visto o seu próprio esforço conquistar as coisas que deseja, estava trabalhando na Gut — sorveteria dos meus pais, localizada em Candelária, interior do Rio Grande do Sul. Em um determinado momento tive esse "sonho", um devaneio adolescente, e saí falando aos quatro ventos que quando eu concluísse a escola iria ter dois empregos. E adivinha? O sonho se concretizou. Porque **a palavra tem poder**.

Então, aos 17 anos, além de aumentar a carga de trabalho na empresa dos meus pais, com o dinheiro que eu havia economizado, comprei uma escola de informática em funcionamento — a Data Master Informática. Tinha chegado ao tão sonhado momento: as duas fontes de renda. Tá, e agora?

Para o prisioneiro do tempo sempre haverá um "Tá, e agora?" Ele nunca vai parar, acredite. Eu sei bem disso porque fui um prisioneiro do tempo por um longo período da minha vida. Esse pensamento não me deixava, ficou comigo por muitos e muitos anos e de vez em quando ainda me assombra. Porque quando um prisioneiro do tempo acha "tempo livre", logo organiza mais alguma coisa para preencher essa lacuna.

O prisioneiro do tempo usa muito bem a lei do vácuo, qualquer espaço vazio sempre tende a ser preenchido. Então ele preenche com alguma tarefa, qualquer coisa que possa ocupar aquele espaço, e tirar o tempo que "sobrou".

Sendo assim, você já deve imaginar que eu não parei nas duas rendas e, com o decorrer dos anos, acabei tendo três negócios próprios, e mais um cargo de gerência de uma agência lotérica da Caixa. Ou seja, já eram quatro fontes de renda simultâneas.

Mas não eram pra ser duas? Pois é. O prisioneiro do tempo tem essa busca incessante em ocupar os espaços de tempo "ociosos", e é aí que mora o perigo, porque com frequência ele calcula mal ou nem calcula, se tem, ou não, esse tempo ocioso. Quando menos espera, está tendo que trocar o pouco tempo de qualidade que teria para dedicar ao lazer, à família ou aos amigos, por tarefas diversas. E assim, muitas vezes, sacrificando até o próprio sono e a qualidade de vida.

Nesse período, em que era prisioneiro do tempo, eu namorava a mãe da minha filha, Manuela, a Sandra. Nós morávamos em Candelária, mas ela ingressou na universidade que ficava na cidade vizinha. Quando ela retornava das aulas, em Santa Cruz do Sul, o ônibus chegava por volta das 22h45, então, ela descia direto na casa dos meus pais, pela proximidade com o ponto de parada. Por já ser tarde da noite ela acabava ficando por lá e, nesse horário, eu ainda estava trabalhando no meu quarto — que até tinha uma cama, mas tinha virado meu escritório. Era lá que eu ficava calculando e "arquitetando" as diversas tarefas que eu tinha que dar conta, todos os dias. Muitas vezes, quando ela acordava e tateava na cama, pela manhã, eu já estava no meu computador, trabalhando novamente.

Em 2015, a minha vida já estava muito diferente. Eu tinha mudando de ambiente, deixado Candelária e já morava há mais de cinco anos em Santa Cruz do Sul, onde abri outra empresa. Havia me separado e conhecido a mulher que mudaria a minha existência. Pois é, de lá pra cá, mudei muita coisa na minha vida.

Mas quando parei para olhar pra trás, naquele momento de mudanças, percebi algo que me deixou em estado de alerta. Foi a partir dessa autoanálise que comecei a entender que eu estava preso.

Comecei a perceber a repetição de um padrão. Mudaram as pessoas, a casa, o carro, a cidade, o tipo de negócio e os funcionários, mas a frase que eu mais repetia era: "Não posso, não vai dar" ou "Não tenho tempo!" O padrão se repetia.

Não gosto nem de pensar em quantas conversas deixei de terminar com meus amigos e familiares por tê-los interrompido com a seguinte expressão: "Vou indo lá porque estou com pressa!". Não tinha tempo de qualidade com as pessoas.

Cheguei ao ponto de negar o convite para ir a uma festa, na casa da minha vizinha, e usei a mesma desculpa de sempre: "Agradeço o convite, mas não vai dar! Trabalho até tarde e no outro dia pela manhã, cedinho, eu já preciso trabalhar novamente". Era a desculpa perfeita para a minha vida continuar igual. "A mesma coisa de sempre".

Mas, para minha sorte, ela insistiu dizendo que não teria problema, caso eu saísse tarde do trabalho, porque a festa não terminaria cedo. Então, com um fardinho de cerveja na mão, acabei tocando a campainha da casa à 1h da manhã. Foi nessa festa que conheci a melhor vizinha que eu poderia ter, a Lauren. A vizinha que se tornou a mulher da minha vida.

Já pensou se eu tivesse mantido a mesma desculpa "de sempre" e não tivesse ido àquela festinha inocente de vizinhos?

Por "falta de tempo", você pode deixar passar grandes oportunidades na sua vida.

Alguns anos antes de ter conhecido a Lauren, quando a minha filha, Manu, ainda era bebê de colo, resolvi arriscar e abrir uma filial da Sorveteria Gut em Santa Cruz do Sul. A sorveteria era dentro de um shopping center e, como o negócio estava sem recursos financeiros para contratação de uma quantidade suficiente de colaboradores, comecei com apenas uma funcionária, e a ajuda de uma namorada que, apesar de ter o seu próprio emprego em horário comercial, me ajudou muito nos horários vagos. Entretanto, para uma loja de shopping que funcionava de domingo a domingo, das dez horas da manhã até as dez horas da noite, uma só pessoa no atendimento no horário comercial era muito pouco para dar conta e, para ajudar a minha funcionária e prestar um bom atendimento aos clientes, eu acabava me sobrecarregando.

Ah! Já ia esquecendo de contar que, logo no início dessa empresa, no primeiro ano dela, eu ainda morava em Candelária. Isso significa que voltava no final da noite, de moto, para casa dos meus pais onde morava provisoriamente após minha separação, e muitas vezes quando era o meu final de semana de ficar com a minha filha, eu só a via dormindo. Era assim que ela estava quando eu chegava e quando eu saía. Eu a vi crescendo na horizontal. Isso me doía muito e ainda dói quando eu me recordo.

Será que você está tendo tempo para o que realmente importa?

Eu já estava com minha atual mulher, a Lauren, quando aconteceu um outro episódio marcante. Foi quando compramos nosso apartamento, na planta. Lembro bem do quanto estávamos felizes e projetando o futuro. Decidimos que até o novo apartamento ficar pronto, para economizar uma graninha, iríamos entregar o imóvel onde morávamos de aluguel para morar, por oito meses, na casa dos meus sogros e do meu cunhado. Esse era o tempo que faltava para a entrega das chaves do sonhado apartamento.

Foi uma fase em que fui chamado de louco. Por muitas vezes transformei a sala dos meus sogros em escritório e, como somos feitos de padrões e hábitos, simplesmente abria meu laptop, espalhava papéis e cadernos em cima da mesa de sala deles e trabalhava madrugada adentro. Algumas noites, meu sogro ou meu cunhado acordavam durante a madrugada para ir ao banheiro e enxergavam uma luz turva — era um rapaz obstinado em deixar tudo "em dia" antes de ir dormir.

Naquela época eu ainda dormia muito pouco. Algo em torno de cinco horas por noite. Achava que era "forte", mas o que eu não percebia é que o tempo de sono que eu estava tendo era insuficiente para ter um próximo dia produtivo — com capacidade cognitiva e a atenção necessária. Foi naquela mesma fase que também escutei, por diversas vezes, conselhos sábios do Sr. Celso, meu sogro: "Tu precisas dormir mais! Não vale a pena se matar assim... Isso é loucura!".

O que passava na minha cabeça quando ele falava isso era: "Como é possível considerar loucura trabalhar para conquistar uma vida mais digna e tranquila financeiramente?". Esse era meu pensamento.

Infelizmente, eu só fui entender o que aquelas palavras significavam alguns anos depois. O alerta do Sr. Celso, assim como em tudo na vida, era apenas de que precisamos de equilíbrio.

Todo desequilíbrio é loucura.

Então, para que eu possa ajudar você a se ajudar, fiz uma pequena relação de frases que prisioneiros do tempo costumam usar como desculpas para se manterem presos, inconscientemente.

Marque com um X as frases que você costuma usar.

Aproveite. Agora é o momento para parar e, realmente, se autoanalisar. Reflita com bastante foco e força de vontade. Qual dessas frases você diz, ou muitas vezes só pensa, e internamente fala para você mesmo nos momentos de decisão?

Pode marcar mais de uma opção, somente uma ou nenhuma.

Está tudo bem!

Vamos ao autodiagnóstico:

( ) Não posso porque não tenho tempo.
( ) Preciso ir agora porque estou com pressa.
( ) Depois falamos sobre isso.
( ) Não vou vencer.
( ) Não vou conseguir terminar a tempo.
( ) Parece que eu tenho que fazer tudo.
( ) Minha vida é uma loucura.
( ) Ah, se eu tivesse mais algumas horas.
( ) Quando eu terminar aqui, eu vou.

CAPÍTULO IV

"

*Precisa do emprego
para se sustentar
mas não suporta mais esse
tipo de trabalho,
e acaba não rendendo
o que poderia render.*

(Gian Lisboa)

CAPÍTULO IV

O PRISIONEIRO DO TRABALHO

"Precisa do emprego para se sustentar mas não suporta mais esse tipo de trabalho, e acaba não rendendo o que poderia render."

Gian Lisboa

Esse é o caso de Carlos, 43 anos, casado e com dois filhos. Em uma segunda-feira qualquer, ele acorda e vai diretamente ao banheiro arrastando os pés; ele sente que está carregando o mundo em suas costas, abre a torneira da pia do banheiro, lava o rosto pra tentar acordar e mal se olha no espelho que está em sua frente. Em seguida, vai em direção à cozinha ao som dos seus chinelos, que fazem "slapt", "slapt" quando arrastam no chão. Ele abre a geladeira, pega a manteiga, o pão e começa a preparar o seu café da manhã. Esquenta água e aguarda, pacientemente, o tempo necessário de infusão para fazer o seu chá. É exatamente nesse momento que Carlos começa a pensar em como será o seu dia e já começa a ficar angustiado.

Durante esses cinco minutos ele já calculou o tempo que precisará para o trajeto de casa até a empresa. Ele sempre vai de carro, apesar de não morar tão longe. Porque, lá no início de sua carreira na empresa, ele já procurou uma casa que fosse pertinho do trabalho. Ele sai de casa às 7h50 da manhã. Chega no trabalho e bate o ponto exatamente no horário. Nem um minuto a mais, nem a menos. Sempre às 8h. Quando são 10h da manhã, ele já trabalhou durante duas horas inteiras e percebe que tem muita coisa ainda por fazer.

São pilhas de formulários que se acumulam em sua mesa. Mas ele continua trabalhando focado, nos mesmos processos em que ele já executa há seis anos nessa mesma empresa. Então, procura dar uma aceleradinha nos processos na tentativa de finalizá-los e, depois de algum tempo, olha novamente para o relógio na esperança de já ser meio-dia, já pensando no almoço e no tempo de descanso. Mas ainda não são nem 11h.

Então, ele grita para o colega: "Tem alguma coisa errada nesse relógio, hein!". E, olha para o lado, procurando pelo relógio de parede que ele mal enxerga do seu posto de trabalho. Cerra os olhos e percebe que os ponteiros dizem que o relógio está sim funcionando corretamente, pois os ponteiros dos dois relógios estão alinhados. Então, desanimado, volta ao trabalho. Desacelera seu ritmo e aguarda, pacientemente, até chegar a tão merecida hora do almoço e do descanso.

Bom, acredito que não será preciso dizer o que acontece na parte da tarde da segunda-feira. Nem da terça e tampouco dos próximos dias inteiros, né?!

Pois bem, Carlos já pensou em mudar de emprego muitas vezes, mas o que recebe em troca, pelo seu esforço diário, é um valor razoável que dá pra ele se sustentar e ajudar no sustento da família e ainda sobra um pouco, pra fazer alguma coisa que gosta durante o final de semana, como convidar os amigos pra uma pizza ou um churrasco com cervejinha gelada, na sua casa. Carlos inclusive consegue, nem todos os anos, tirar férias com a família. Tudo isso o deixa tranquilo, afinal, o que mais ele poderia querer? Ele está em uma zona de conforto.

Carlos também já pensou, inúmeras vezes, em tentar algo diferente, sabe?! Pensou até em empreender, ter o seu próprio negócio. Mas o pensamento final que vem à tona é sempre o mesmo: "ruim com esse emprego, pior sem ele".

O que acontece é que o prisioneiro do trabalho acha que a única forma para ganhar mais é trabalhando mais e sempre troca tempo por dinheiro. Sua prioridade é sempre o trabalho e coloca isso acima de tudo, inclusive da família. O que não percebe é que pessoas como ele adoecem por conta do trabalho exaustivo e massivo. Prisioneiros do trabalho têm dois ou até três empregos. Trabalham 12 horas por dia, ou até mais, e se matam pela hora extra.

Essa prisão é do tipo que isola a pessoa do resto do mundo, de todo o resto que realmente importa. Essa pessoa não vai ter tempo para sua família nem para os amigos. Ela não terá tempo para cuidar da alimentação e inclusive, por vezes, pulará uma refeição ou outra em nome da dedicação ao trabalho.

Hobbies? Diversão? Exercícios?

Lógico que não.

O prisioneiro do trabalho não tem alegrias nem tempo para praticar a sua fé, crença ou religião. Ele trabalha muito, mas não rende em nenhum dos trabalhos porque não consegue produzir em todo o seu potencial. Vive cansado, abatido e não se sente bem emocionalmente, justamente pela falta de tudo aquilo que foi citado, mas ele abre mão disso mesmo sem perceber, e quando percebe muitas vezes pode ser tarde demais.

Não é raro ver pessoas acometidas pela síndrome de Burnout, devido ao tamanho esgotamento, fadiga, frustração, estresse físico e mental que os levam a exaustão. Que paralisam. Que adoecem. Isso é radicalismo! Não faz sentido trabalhar nesse ritmo, não funciona assim, lembra do equilíbrio? Em tudo na vida devemos buscar o equilíbrio, parar pra analisar se estamos muito focados em algo e esquecendo do resto. Em raras exceções, podemos considerar um desequilíbrio, quando ele é controlado e planejado, como nos casos de quando você entra em hiperfoco para um projeto, porém esse hiperfoco tem data e hora pra começar e pra terminar, um desequilíbrio já planejado que pode ser suportado por um período prefixado, mas que, depois, a vida volta ao seu estado normal, nem muito pra lá, nem muito pra cá. Um exemplo de hiperfoco é de um pré-vestibulando que deixa de sair com amigos no final de semana, de ir viajar ou de jogar nos finais de semana durante os estudos, mas que, depois do vestibular, sua vida volta ao normal, ou pelo menos deveria se ele não se tornar um prisioneiro do trabalho ou, nesse caso, dos estudos.

É possível perceber que existe um vazio nesse tipo de prisioneiro. Uma lacuna que parece não ter a possibilidade de ser preenchida com outra coisa senão trabalhar. Esta é a única visão clara para esse indivíduo que não enxerga o óbvio: que a produtividade é a única solução para sair dessa prisão solitária terrível em que ele mesmo se encarcerou; para sair dessa escuridão de uma vez por todas e enxergar a luz.

Existem três formas de qualquer pessoa aumentar a produtividade de maneira mensurável:

1 - Fazer mais com o mesmo tempo:
Isso envolve aprimorar suas habilidades, organização e eficiência para realizar mais tarefas no tempo já disponível.

2 - Fazer mais com um tempo menor:
Aqui, a ênfase está na otimização do tempo, priorizando as tarefas mais importantes e reduzindo as distrações.

3 - Fazer a mesma coisa com menos tempo:
Nos concentramos na automação e simplificação de processos, eliminando tarefas desnecessárias para concluir as mesmas atividades em menos tempo.

Note que em nenhuma delas foi sugerido trabalhar mais horas. Na opção um, foi proposto produzir mais e trabalhar o mesmo período. E isso acontece com pessoas que vão criando habilidades de performar melhor ou, ainda, descobrem novas formas de fazer as mesmas coisas sem perder a qualidade. Já a segunda proposta foi a de produzir mais com um tempo menor, o que é o mundo perfeito para pessoas altamente produtivas. E, por fim, a última opção é a de produzir a mesma coisa de sempre, só que mais rapidamente; assim, sobraria um tempo de qualidade para os amigos, família e opções de lazer.

Infelizmente, o prisioneiro do trabalho não consegue ter uma visão realista dessas opções. Ele busca apenas trabalhar mais e mais, em função de uma cegueira ocasionada pela incompetência inconsciente. Ou seja, se ele não consegue ver ou perceber opções. Ele não sabe que existe e, se ele não tem consciência disso, não tem como progredir. Afinal, está fora de seu espectro perceptivo, fora de seu conhecimento.

A seguir, você verá uma lista com os pensamentos mais comuns do prisioneiro do trabalho. Assinale as opções, caso você tenha algum deles:

( ) Que saco, amanhã já é segunda-feira!
( ) Sextou!
( ) Não vejo a hora de ir pra casa descansar.
( ) Acho que tô merecendo as minhas férias.
( ) Férias deveriam ser duas vezes ao ano.
( ) Só quem ganha no final é o patrão.
( ) Eu que faço o trabalho duro.
( ) Se eu tivesse minha própria empresa, teria mais tempo pra mim.
( ) O único lugar no mundo onde o sucesso vem antes do trabalho é no dicionário.

CAPÍTULO V

"

*Vive correndo atrás
do rabo e o dinheiro
do mês termina antes
da segunda quinzena.*

(Gian Lisboa)

CAPÍTULO V

O PRISIONEIRO DAS CONTAS

"Vive correndo atrás do próprio rabo e o dinheiro do mês termina antes da segunda quinzena."

Gian Lisboa

No livro *Pai Rico Pai Pobre*, um dos best-sellers de Robert Kiyosaki, ele usa uma expressão interessante e que ficou mundialmente conhecida como "A Corrida dos Ratos"[1].

Esse termo explica o ciclo financeiro da grande maioria das pessoas, que é a fase de estar sempre correndo atrás do próprio rabo, como sempre fez, durante toda a sua vida, como se fosse um ratinho de laboratório correndo em uma roda ou em volta de um labirinto, um exercício sem fim e sem utilidade alguma. Talvez, você esteja vivendo esse ciclo hoje e, o que é pior, você nem saiba disso.

A corrida consiste em trabalhar com o propósito único de ganhar dinheiro e, como não existe um outro propósito maior por trás disso tudo, esse dinheiro serve só para pagar as contas que você já tem. Acontece que sua verba chega ao fim muito rápido e, na maioria das vezes, não sobra dinheiro no fim do mês. Então, como você fica sem dinheiro, recomeça o ciclo. Você trabalha para fazer mais dinheiro e pagar mais contas preexistentes. A vida continua como se você vivesse dentro de uma dessas rodinhas de hamster, que corre, corre, corre, mas não sai daquele ciclo e nunca chega a lugar algum.

---

[1] KYOSAKI, Robert T. *Pai rico, pai pobre*. Rio de Janeiro: Editora Campus, 1997. p. 14

Na busca incessante por uma vida melhor — aquela que você sonhou quando tinha lá seus 15 anos de idade, ainda na escola —, embarca em uma jornada de longas horas de trabalho, todos os dias, só para conquistar uma renda maior. Renda essa que serviria, teoricamente, para uma vida melhor. Uma vida digna.

Mas acontece que o prisioneiro das contas sonha o sonho de outras pessoas. Na verdade, ele sonhou com aquilo que lhe foi passado como sendo uma vida de sucesso, como a sociedade em que ele vive lhe impôs como uma verdade. Uma vida que ele enxergou quando olhava apenas ao seu redor, sem prestar atenção se era aquilo mesmo que ele queria pra sua própria vida.

Pronto! Agora ele acaba de entrar para estatística porque tomou a verdade dos outros como a sua verdade também: sair da escola e passar em uma boa faculdade. Se formar. Arrumar um bom emprego. Casar, financiar a casa própria, ter filhos e comprar um carro — também financiado. Sair de férias com a família, quando possível. Se aposentar e "aproveitar a vida" com o dinheiro da aposentadoria. Esse é o ciclo.

**Vive correndo atrás do rabo
e o dinheiro do mês termina antes
da segunda quinzena.**

Mas o que "o atleta" da corrida dos ratos não sabe — e descobre somente com o suor do dia a dia — é que isso não é uma vida em abundância, não é a vida extraordinária que poderia ter. Tudo na vida dele é muito sofrido, tudo é muito batalhado e cada boleto é pago com muito esforço e suor. Certamente ele não percebe nada disso justamente porque está muito ocupado, buscando formas de como quitar os boletos. Então, atolado em boletos, contas e dívidas, decide trabalhar mais. Fala com o seu "chefe" e começa a fazer mais horas semanais, mais horas extras, o que resolve paliativamente o seu problema.

Mas, passados alguns meses, percebe que aquilo ainda não está sendo o suficiente. Em casa, em uma noite com a família em um daqueles raros momentos em que todos estavam juntos no mesmo horário, sentados ao redor da mesa de jantar, conversam e decidem que a solução poderia ser ele arrumar um segundo emprego ou fazer algum "bico" fora de hora para conquistar mais renda e conseguir honrar com todos os compromissos. Afinal de contas, o prisioneiro de contas nunca fugiu de trabalho porque é "o trabalho que dignifica o homem".

Tomada a decisão em conjunto com a família, ele sai esperançoso em busca de sua "liberdade" e comemora quando conquista o seu segundo emprego ou sua renda extra. Apesar de ser meio turno, ajudará muito porque ele fez os cálculos e esse novo emprego será suficiente para pagar tudo o que faltaria no orçamento mensal familiar. Ainda sobrará um pouco de dinheiro para que possa ir quitando dívidas antigas.

Enfim, ele começa a ganhar mais e tudo começa a ficar mais fácil. Mesmo com uma carga horária de trabalho cansativa, ele sente que tirou um peso das costas. Definitivamente, se mostra mais feliz e sorridente. Em casa, se diverte com a família, aproveita os momentos. Ele está radiante, porque a vida está mais harmônica e tudo vai bem.

Passam-se alguns meses e ele continua firme, com garra e determinação, em seus dois trabalhos. Agora, com as suas duas fontes de renda, ele respira aliviado. Quando olha para trás, do ponto passado até o ponto presente, se enxerga em evolução porque agora está conseguindo arcar com todas as contas de casa. O orçamento familiar está em ordem e o deixa muito esperançoso, além de conseguir também quitar algumas dívidas. Mas é nesse mesmo período que o cansaço físico, de trabalhar arduamente em três turnos, começa a bater na sua porta.

Ele sente um misto de alegria e cansaço e, ao mesmo tempo, um outro sentimento também começa a despontar dentro dele, o sentimento de merecimento. É uma sensação que inicia, sutilmente, ao olhar para o saldo bancário e perceber que começou a sobrar uma graninha. E é essa sensação que o faz olhar pela janela da sua casa e perceber o seu carro sujo, meio velho, estacionado no outro lado da rua.

Então ele pensa: "Puxa vida, eu trabalho tanto! Mereço um carro mais novo e melhor".

Você consegue adivinhar o que acontece agora? Sim. Sem se dar conta, ele acaba de preencher a ficha de inscrição para a próxima "Corrida dos Ratos". Os primeiros meses são ótimos. Aparentemente tudo parece estar fluindo de forma equilibrada até o dia em que começa a atrasar uma, duas, três contas, e novamente o ciclo se repete; até uma próxima reunião familiar, para uma nova tomada de decisão sobre o que fazer para sair daquela situação. Aquela prisão em que se meteram.

A seguir, veja quais são os pensamentos dominantes mais comuns do prisioneiro das contas e não esqueça de marcar todos aqueles que você se pega pensando, mesmo que só uma vez ou outra.

( ) Não sei o que pagar primeiro.
( ) No mês que vem vai dar.
( ) Preciso ganhar mais.
( ) Não aguento mais essas cobranças.
( ) Acho que este mês vai sobrar alguma coisa.
( ) Por quanto tempo ainda vou viver assim?
( ) Eu mereço um carro novo.
( ) Eu mereço...
( ) Vamos aumentar a casa.
( ) A festa hoje deve ser do tamanho do meu merecimento.

CAPÍTULO VI

"

Tem tantas microtarefas diárias que acaba só apagando incêndio e nunca faz o que realmente é importante para o seu crescimento e desenvolvimento, logicamente, acaba o seu dia frustrado.

(Gian Lisboa)

CAPÍTULO VI

O PRISIONEIRO DAS TAREFAS

"Tem tantas microtarefas diárias que acaba só apagando incêndio e nunca faz o que realmente é importante para o seu crescimento e desenvolvimento, logicamente, acaba o seu dia frustrado."

Gian Lisboa

O prisioneiro das tarefas é aquele que se parece com um bombeiro em dia de muitos chamados. Ele apaga incêndio o tempo inteiro, mas, diferentemente de um bombeiro que salva vidas, nunca faz o que realmente importa e, quando chega o final do dia, tem aquela sensação de frustração.

Qualquer trabalho realizado, seja por esforço físico, manual, mental ou intelectual, pode ser feito por obrigação ou voluntariamente. Isso significa que um trabalho feito por você só foi concluído por uma das duas razões a seguir: ou porque você teve vontade de fazer, ou porque você teve que fazer obrigatoriamente. Simples assim.

Mas, preste atenção, existe uma pegadinha aí. É muito possível que, assim como eu, você normalmente também queira fazer muitas tarefas durante um dia. E até se ache muito produtivo quando isso acontece. Porém, é preciso parar para analisar e verificar se essas tarefas, que são feitas diariamente, são aquelas que te levarão em direção à construção dos seus sonhos. Se são atividades que estão te levando, intencionalmente, ao próximo nível. Ou se são tarefas do tipo apaga incêndio, que tomam o seu tempo e trazem uma única preocupação: a de não deixar que o fogo se alastre.

Geronimo Theml[2] escreveu, perfeitamente, em seu best-seller intitulado *Produtividade Para Quem Quer Tempo*, que existem dois tipos de tarefas: as de Ocupação e as de Produção.

1. **Tarefas de Produção**: são aquelas que levam você na direção da construção dos seus sonhos.

2. **Tarefas de Ocupação**: são aquelas que muitas vezes até precisam ser executadas, mas não fazem a vida progredir na direção daquilo que queremos.

Todas as tarefas que "precisam" ser feitas e que, obrigatoriamente, devem ser executadas todos os dias raramente são as que te levarão para o próximo nível.

São essas atividades que eu gosto de chamar de **microtarefa diária (MTD)**.

As MTDs são aquelas atribuições cotidianas chatas, repetitivas que não podem ser evitadas. São aquelas tarefinhas que não há como fugir delas e que, por algum motivo, você acredita que elas só podem ser feitas por você. Exatamente essas são as que o Geronimo classifica em seu livro como sendo Tarefas de Ocupação. Elas simplesmente não te levam em direção ao progresso nem te aproximam daquilo que realmente é o seu desejo ardente ou o seu propósito de vida. Em geral, são ocupações que certamente você irá adiar, empurrar com a barriga ou até deixar para outro dia porque, às vezes, parece não fazer sentido algum executá-las.

E é muito provável que você comece a não ver sentido em algumas tarefas que realiza no seu dia a dia, justamente pelo motivo de fazê-las repetidas vezes, todos os dias, ao ponto de sequer perceber a execução delas. São tão pequenas e tão fáceis, mas não estão fazendo com que você evolua ou mude de patamar. Quando você parar para refletir sobre isso, perceberá que é exatamente o caminho contrário. Essas MTDs estão te afastando dos seus objetivos e te impedindo de concretizar seus sonhos.

Eis aqui alguns exemplos de MTDs que sugam o seu dia e sua produtividade:

---

[2] THEML, Geronimo. *Produtividade para quem quer tempo*. São Paulo: Editora Gente, 2016. p. 52.

- Pagar contas.
- Ir à padaria.
- Checar os e-mails.
- Verificar o extrato bancário.
- Varrer o chão.
- Fazer supermercado.
- Cozinhar.
- Lavar a louça.
- Limpar a casa.
- Lavar o carro.

Todas as pessoas têm MTDs em suas agendas, isso é óbvio, mas o prisioneiro das tarefas é o rei das microtarefas. Tem tanta MTD que se sente em uma prisão e, quando se dá conta, o dia passa e ele procrastina, por mais um dia, o real sentido da vida humana que é: prosperar e viver o seu propósito.

Pois bem, além das microtarefas obrigatórias existem as não obrigatórias. Essas são as piores. E infelizmente são as mais comuns. Acredite, tem gente que acha "necessário" ficar rolando o feed das redes sociais por horas, todos os dias. Acha que "precisa" visitar sites de notícias o tempo todo ou que "tem que" assistir à TV e "maratonar" todas as séries possíveis em plataformas de streaming.

Se você quer ser mais produtivo e quer realmente mudar a sua vida, livre-se delas. Ou, pelo menos, delegue todas as microtarefas possíveis e corte o que for necessário. Comece hoje mesmo a fazer algo que vai te levar a outro nível, não procrastine como sempre. Seja para você, para o seu trabalho, para a sua saúde, para o seu relacionamento, para a sua espiritualidade ou para qualquer outra área da vida. Apenas faça.

MTD ➡ Off

Pagar alguém para fazer algumas das suas MTDs, almoçar fora, fazer um pedido de delivery, ter alguém para limpar sua casa ou lavar seu carro e usar esse mesmo tempo para produzir, aprender e evoluir pode parecer meio estranho no início, principalmente se você vive contando as moedinhas como eu já fiz em uma fase da minha vida.

De qualquer maneira, tenho certeza de que se aprender a otimizar o seu tempo para que ele seja bem utilizado, você conseguirá pagar os serviços terceirizados porque terá utilizado esse mesmo tempo para produzir na sua área de atuação, naquilo que você realmente tem expertise. Poderá aproveitar esse tempo para tirar aquele projeto do papel, que você sempre deu desculpas de não ter feito por falta de tempo e que poderá te render financeiramente. No final, posso te garantir que a conta fecha. Se você seguir a receita, tiver paciência, foco, disciplina e persistência, dará certo.

Inicialmente, eu e a Lauren tínhamos uma crença muito forte sobre terceirizar as microtarefas. É uma crença que, normalmente, a maioria das pessoas também a tem. Para comprovar, vou compartilhar como era nosso comportamento em relação a isso.

Quando queríamos economizar para conquistar algo, pensávamos que deveríamos fazer o máximo de tarefas possíveis, por nós mesmos, para reduzir os custos ao nível máximo. Logo, passamos anos fazendo comida em casa e, com isso, muitas vezes usávamos boa parte do domingo cozinhando. A gente separava a comida em porções para serem congeladas e irmos usando durante a semana.

Eu também costumava caminhar por horas a fio, do trabalho até minha casa, para economizar no transporte. Nem ônibus, nem táxi, nem motorista de aplicativo. Tudo em nome da economia. Faxineira? Nem pensar. Uma tarde inteirinha era dedicada exclusivamente para essa tarefa. Lavar chão, limpar vidros, banheiro, tirar o pó, enfim, menos uma tarde por semana na nossa vida. E isso que nosso apartamento era pequeno, imagine se fosse uma casa maior?!

Realmente tudo isso nos fez economizar uma graninha mensal, mas era só nisso que estava o nosso foco: na economia.

Os meses se passavam e a cada balanço financeiro que fazíamos, sentados um de frente para o outro, analisávamos onde poderíamos cortar mais alguma coisa. Logicamente sempre acabava por alguma tarefa que poderíamos fazer por nós mesmos e dispensar os serviços terceirizados para economizar nas despesas. Já passou por isso? Posso apostar que sim. Esse é um pensamento natural da grande maioria. Perceba que nós também pensávamos e agíamos assim.

Nos olhávamos com um ar de cansaço e desesperança porque nada surtia grandes resultados e veja que, pelo menos, já éramos organizados financeiramente. Mas ainda assim a conta parecia nunca fechar.

E não fecharia mesmo! A gente não conseguia perceber onde nós estávamos errando até o dia em que conseguimos visualizar a realidade que tínhamos criado para nós mesmos.

Nossa rotina era mais ou menos assim. Eu acordava mais cedo do que o necessário para fechar meu horário com o da Lauren. Assim, saíamos juntos e ela teria tempo de me deixar na rodoviária de Santa Cruz para que eu pegasse o ônibus até Candelária, cidade vizinha, e fosse trabalhar.

Acontece que o meu ônibus saía às 7h da manhã e, coincidentemente, a Lauren iniciava os atendimentos dos seus pacientes no estúdio de Pilates às 7h da manhã. Como fazer essa conta fechar?! Assim começava nossa ginástica diária contra o tempo.

Para que a Lauren tivesse tempo para abrir o estúdio com calma e, ainda assim, conseguisse me dar carona, era preciso que saíssemos de casa no máximo às 6h10min da manhã para que, no máximo, às 6h30min eu estivesse na rodoviária e, então, ela chegasse a tempo para iniciar a sua jornada de trabalho.

Se eu for somar os 15 minutos de caminhada da parada do ônibus em Candelária até o trabalho, mais uma hora de viagem de ônibus, já deu pra notar que lá se iria mais duas horas do meu dia, entre casa e trabalho. E isso que estou falando somente da ida, no início do dia. No final do dia, a volta, muitas vezes era pior.

Como nossos horários não batiam de jeito nenhum, então não tinha a carona da Lauren para o trajeto de volta, da rodoviária de Santa Cruz até nossa casa. Tudo pela missão de "economizar", eu caminhava praticamente por uma hora, todos os dias, porque a minha mentalidade na época era a de que se eu fosse a pé não gastaria com motorista de aplicativo, por exemplo. Mas com esse pensamento de escassez lá se iam mais ou menos umas quatro horas da minha vida, todo santo dia em que eu me deslocava de Santa Cruz do Sul a Candelária.

Quando me dei conta de todo esse desperdício de tempo, e comecei a usar o método MTD→Off, a primeira mudança foi voltar a fazer o trajeto até Candelária de carro.

Só nesse movimento, consegui recuperar mais de duas horas por dia. Então se eu considerar que uma pessoa normalmente fica acordada cerca de 16 horas, significa que conquistei 15% do meu dia para produzir e dedicar a algo que realmente importa para o meu futuro ou da minha família, e também para o meu propósito de vida. Você tem noção do que isso significa?

Farei esse cálculo mais a fundo.

E você precisa começar a fazê-lo adaptado à sua vida!

Nesse período da minha vida, eu fazia essa viagem duas ou três vezes por semana, ou seja, algo em torno de 120 viagens por ano. Se eu multiplicar esse resultado pelas duas horas que eu "recuperei" do meu dia, por ano, eu terei cerca de 240 horas para viver a vida. É como se eu tivesse ganhado mais dez dias para produzir com intenção, com propósito. Um resultado incrível com uma única ação.

Isso sim é ser senhor do seu próprio destino.

Me senti totalmente empoderado quando fiz esses cálculos. E gostaria muito que você se permitisse viver essa sensação. Imagine fazer isso com duas, três, dez atividades do seu dia!? O segredo está em otimizar o seu tempo. Isso pode ser feito cortando alguma MTD, reduzindo ou delegando qualquer microtarefa que possa ser feita por outra pessoa. Pense nisso.

Com quais tarefas do seu dia a dia seria possível brincar de Senhor do Tempo?

Avalie quais as tarefas você faz regularmente e que mais tiram seu tempo. Quais delas, de alguma forma, você pode controlar ou passar para alguém fazer? Pense em todas aquelas tarefas chatas, que você não curte fazer e que, se você terceirizar o processo, podem te dar uma maior liberdade de tempo, como foi o meu caso. Pense em como você poderá "hackear o tempo" a seu favor.

Para ficar mais fácil, vou te propor agora um exercício prático para que você tenha essa experiência também. Na sequência deste conteúdo, você vai encontrar uma ferramenta chamada MTD→Off. Você pode preenchê-la diretamente aqui no seu livro, pode copiar em um caderno ou imprimir uma cópia.

Para isso, basta fazer o download da ferramenta no site http://www.gianlisboa.com.br/download

Você também pode fazer em uma planilha ou utilizar o bloco de notas do celular, por exemplo. Porém, meu conselho é que, pelo menos nas primeiras vezes, você se comprometa a fazer no papel para estimular mais o sentido visual do seu cérebro, uma vez que a ideia inicial é deixar a ferramenta próxima de você.

Com ela em mãos, comece a anotar tudo o que você faz durante o dia. Tudinho! Tudo mesmo. Anote desde as atividades mais simples e rápidas até as mais cascudas e demoradas.

No dia seguinte, logo pela manhã, passe os olhos pela lista e analise as tarefas realizadas tentando lembrar de algo que fez e, por ventura, tenha esquecido de anotar, é uma varredura rápida. Nada que tome muito do seu tempo, só uma pequena revisão. O que importa mesmo é anotar durante o dia.

Ao lado da microtarefa, marque o tempo dedicado para a realização de cada uma delas. Se for preciso, nas primeiras vezes, cronometre. Use um cronômetro ou relógio do celular para isso. Essa parte é uma das mais importantes. Se realmente você não conseguir mensurar, use um tempo estimado. Certamente você tem noção, mais ou menos, do tempo utilizado para cada atividade do seu dia.

Por fim, classifique-as entre MTD Produtiva ou, uma possível, MTD→Off. Se você considerar a anotação como uma tarefa que pode ser "trabalhada" por terceiros, otimizada ou até cancelada, marque um X na terceira coluna e, na última, defina se ela será: delegada, cancelada ou otimizada.

Ferramenta MTD

DIA 1

Tarefas	Tempo	MTD → Off (marque com X)	Delegada (D) Cancelada (C) Otimizada (O)

Sugiro fortemente que você faça, pelo menos, uma planilha por dia durante uma semana, ou seja, serão sete planilhas MTD, com a maior quantidade de tarefas possíveis que você lembrar. É preciso ter em mente que, quanto mais tempo você praticar e fizer o exercício, mais assertividade terá.

É natural que em alguns dias da sua semana você venha a ter uma tarefa diferente, que não é rotineira e, por isso, o hábito de escrever fará com que você não esqueça delas na sua lista.

A minha sugestão é que você faça, no mínimo, por duas semanas e, o mais importante, após fazer isso pare para analisar planilha por planilha, dia por dia.

Estudos feitos em universidades norte-americanas, como a de Princeton e da Califórnia, afirmam que ao usar o teclado do computador, ou a tela touch de um celular ou tablete, por exemplo, o processamento cerebral da escrita é feito de forma mais superficial do que quando desenhamos as palavras de próprio punho. Então, aqui novamente eu reforço para que a atividade seja feita no modo analógico, com papel e caneta mesmo.

Com as tabelas preenchidas em mãos, você conseguirá visualizar exatamente quais são as suas Prioridades — Tarefas MTD e quais são as distrações que sugam a sua produtividade. Saberá quanto tempo tem desperdiçado em tarefas que não te levam a lugar algum. Mas, o melhor de tudo é que você descobrirá quais tarefas poderão ser eliminadas da sua rotina, quais são as suas MTD→Off. Aquelas tarefinhas sugadoras de tempo que podem muito bem ser delegadas e feita por outras pessoas. Ou que podem ser otimizadas e poupar tempo no seu dia ou, por fim, serem canceladas e totalmente excluídas da sua vida.

Então, chega de explicações, porque tenho certeza que você entendeu o quão importante essa ferramenta será na sua vida. Mas saiba que o que realmente será extraordinário, serão os resultados que você terá.

Chegou a hora de agir. Sei que parece fácil, mas ao iniciar o processo perceberá que não é tão simples assim. Primeiro porque talvez você faça muitas tarefas durante um dia. Coisas que nem percebe que faz. A maioria das pessoas age automaticamente porque isso é uma função natural do cérebro humano para "economizar energia" e, assim, funcionar no modo instintivo. Em segundo lugar, porque as pessoas não sabem definir o que é uma prioridade na vida.

Por isso, se por acaso, quando você começar suas anotações MTD do dia 1 perceber que teve dificuldades, que esqueceu de anotar várias microtarefas na hora e que, no final do dia, não conseguiu anotar tudo porque já não lembrava mais exatamente o que havia feito, não desanime. Siga em frente! É um processo.

É assim mesmo. No dia 2 você irá conseguir anotar mais atividades e no dia 3 mais ainda. Seja persistente. O nome do jogo é constância. Tenho certeza de que, lá pelo dia 7, você terá uma visão muito mais limpa e entenderá claramente a função de cada tarefa na sua vida. E se poderá encaixá-la ou não na sua rotina.

Essa ferramenta é muito poderosa e recomendo que a utilize pelo menos duas vezes ao ano. Pode ser uma vez a cada semestre, para alinhar e classificar novas tarefas. Sempre com foco no próximo nível.

Lembre-se, já dizia o grande filósofo Platão:

"É a prática que nos leva à perfeição!"

CAPÍTULO VII

"

Aquele que não tem tempo para cuidar da saúde vai ter que arrumar tempo para cuidar da doença.

(Dr. Lair Ribeiro)

CAPÍTULO VII

O PRISIONEIRO DA SAÚDE

"Aquele que não tem tempo para cuidar da saúde, vai ter que arrumar
tempo para cuidar da doença."

Dr. Lair Ribeiro

Todos temos um pouco do prisioneiro da saúde dentro de nós. Uns mais, outros menos, mas está dentro de todos nós. Isso ocorre porque talvez uma das heranças mais importantes deixadas por nossos ancestrais — e que deveríamos ter mantido — é a de se alimentar para sobreviver e para se manter vivo. Nossos ancestrais dedicavam-se à caça, à pesca e à busca de frutos, raízes e vegetais por um só motivo: manterem-se vivos.

Conforme os anos foram passando, nós fomos evoluindo. Com isso, nossa capacidade de pensar e criar foi ficando mais apurada. A sociedade foi crescendo mais a cada dia e, então, foi necessário fazer adaptações e organizações. Veio a Revolução Industrial e, a partir daí, passamos a ter pressa para tudo, porque precisávamos produzir cada vez mais, empurrados pela evolução.

A questão da sobrevivência foi ficando de lado e, gradativamente, sendo trocada por facilidades como o prazer de comer. As comidas foram ficando cada vez mais saborosas e o acesso cada vez mais facilitado. A partir de então, já não precisávamos mais sair para caçar, pescar ou plantar. E hoje, quando queremos comer, simplesmente vamos ao mercado e lá conseguimos de tudo.

Passamos por uma grande mudança e agora muitos de nós, lamentavelmente, vivem para comer. Eis que surge uma doença que conhecemos por compulsão alimentar. Um distúrbio caracterizado pela ingestão exagerada de alimentos que acontece mesmo sem a presença da fome ou da necessidade física do alimento.

Nos primórdios da humanidade, os homens primitivos não tinham muitas técnicas de conservação de alimentos. Sabe-se que eles usavam o fogo e a secagem natural — pela ação do sol, mas, mesmo que instintivamente, sabiam para o que servia o alimento e sua real finalidade. Sabiam também que o alimento tinha uma "vida útil" e que existia um determinado período após a conquista para que ele fosse consumido. Ao fim desse prazo, seria preciso uma nova busca por alimentos, fosse para sua família ou para o povoado.

Quando eram afortunados com abundância de alimentos e notavam que a carne da caça, dos peixes ou dos frutos não iriam suportar a ação do tempo, se viam obrigados a comer o máximo possível enquanto os alimentos ainda estavam adequados para consumo; estocando, assim, em seus próprios estômagos. Tenho a ligeira impressão de que também herdamos esse comportamento.

Certo dia eu estava pensando em como as pessoas comem da mesma maneira que os povos primitivos. Para comprovar, basta colocar uma mesa farta em frente às pessoas e elas começarão a devorar absolutamente tudo, como se o mundo fosse acabar naquele instante. Você já percebeu isso quando vai a uma festa com comida à vontade ou em um restaurante com buffet livre? Aqueles pratos enormes que mais parecem montanhas? E o rodízio de pizzas? Que as pessoas comem como se tivessem a obrigatoriedade de "aproveitar tudo aquilo"?

Saiba que parte desse comportamento antiquado, instintivamente, vem do cérebro humano que ativa o modo reptiliano em situações desse tipo. A racionalidade é deixada de lado e o cérebro resgata uma inclinação nata de sobrevivência e manda mensagens do tipo "vou comer para não ir fora" ou "vou comer para que não haja desperdício".

Estudos científicos mostram que esse pensamento está ligado a apenas duas alternativas: luta ou fuga. Logo, diante do "perigo iminente", o cérebro reptiliano assume o comando, inibindo, assim, a lógica e a razão.

Então, já que não existe razão para lutas, para caça ou esforço físico para a busca de novos alimentos, o indivíduo moderno acaba, sem razão lógica, estocando alimento em seu próprio estômago. Possivelmente, esse poderia ser um dos motivos pelo qual se costuma sair de um rodízio de pizza pesado e caminhando arcado pelo inchaço do estômago.

"Você é o que você come."
"Você é o produto de suas escolhas."
"O seu corpo é reflexo da sua
história."[3]

Em algum momento da sua vida, você já deve ter ouvido alguma dessas frases, senão todas. A última pertence a Deepak Chopra, renomado médico indiano, radicado nos Estados Unidos, que também é escritor e professor de Ayurveda[4], espiritualidade e medicina corpo-mente.

Pessoalmente, acredito muito na frase do Dr. Deepak. Fazendo uma análise mais a fundo, percebo que ele não menciona nada sobre alimentação, espiritualidade ou exercícios físicos, mas consegue, de maneira precisa, englobar toda a história passada do indivíduo. Com isso, entendo perfeitamente que ele passa o alerta e a importância sobre os cuidados básicos para uma vida longeva e com boa saúde.

De acordo com a Organização Mundial da Saúde (OMS), ter saúde é um estado completo de bem-estar físico, mental e social. Então, deixo aqui a reflexão: o que você está fazendo para obter esse bem-estar? Se você não se cuida, não se exercita e não tem uma alimentação regrada, cedo ou tarde seu corpo mandará sinais. Dores, sobrepeso, indisposição, doenças.

Já parou para pensar por quantos anos deseja viver? 80, 90, 100 anos? Como você quer chegar até lá? Como pretende estar naquela que deve ser a "melhor idade" da sua vida? Quer chegar com energia e independência ou totalmente dependente de terceiros, amigos, familiares ou cuidadores?

Quando Dr. Deepak diz "O seu corpo é reflexo da sua história" significa que tudo aquilo que você faz agora, hoje, neste exato momento, será refletido no seu corpo, na sua saúde, na sua vitalidade e na sua independência futura.

---

[3] Frase conhecida de Deepak Chopra.
[4] Ayurveda é uma terapia milenar focada no equilíbrio do corpo, da mente e do espírito para uma vida saudável e uma longevidade vigorosa.

Lembre-se da frase do Dr. Lair Ribeiro que está no início deste capítulo que diz: "Se você não tem tempo para cuidar da sua saúde, terá que arrumar tempo para cuidar da doença.". Inevitavelmente, um dia essa conta será cobrada.

Dra. Lauren Thomasi é fisioterapeuta, instrutora de pilates, especialista em dor e pós-graduanda em neurociência e performance humana. Tem diversas formações, entre elas, uma pós-graduação em neurociência e a formação em medicina germânica Heilkunde, que vai além dos sintomas da dor na busca de sua origem. Ela atua na área da saúde há mais de 15 anos e, por sua vasta experiência sobre o tema, somada à vivência diária com seus pacientes, tem uma sólida opinião sobre bem-estar, saúde e dor na maturidade. Lauren afirma que todo o tipo de dor, e patologia, vem acompanhado de um estilo de vida. Independentemente de o sintoma ser apenas físico e, supostamente, poder ser tratado apenas "por fora" com analgesia e movimentos.

A maneira como você enxerga a sua vida ou dá desculpas para não iniciar um tratamento, uma atividade física ou cuidados com a sua alimentação faz toda a diferença para uma mudança significativa na qualidade de vida, assim como olhar positivamente para os progressos está relacionado à recuperação de doenças e dores.

Afinal, quando você não valoriza e não percebe que o bem-estar é a sequência de uma qualidade de vida em abundância, algumas dores podem até sumir por algum tempo, mas fatalmente elas voltarão. Cedo ou tarde.

Nada disso é tão simples. De qualquer maneira, quando você realmente está disposto a mudar, a recuperação ou as pequenas conquistas vêm acompanhadas de novos hábitos, que, de pouquinho em pouquinho, trazem resultados como mente e corpo saudáveis.

A confiança no trabalho e no conhecimento dos profissionais da área da saúde é de extrema importância para entender o caminho proposto. Cuide de você! Inicie um processo preventivo, procure um especialista para que ele possa fazer um acompanhamento da sua saúde física e mental. Certamente em pouco tempo você verá o progresso da sua reeducação com dias de mais energia, disposição e uma saúde impecável. Saiba que sempre será melhor prevenir do que remediar.

"O tratamento e o foco devem estar na saúde e não na doença."

(Dra. Lauren Thomasi)

CAPÍTULO VIII

"

Assuma o controle das suas ações mais consistentes e comece conscientemente e deliberadamente a remodelar a sua experiência diária de vida.

(Tonny Robins)

CAPÍTULO VIII

O PRISIONEIRO DAS EMOÇÕES

"Assuma o controle das suas ações mais consistentes e comece conscientemente e deliberadamente a remodelar a sua experiência diária de vida."

Tonny Robins

Certamente você conhece alguém que se acha vítima de tudo. Que usa o vitimismo em qualquer situação e com todos ao seu redor. Não pode ver duas pessoas conversando "de canto" porque logo acha que o assunto é a respeito dela e se sente perseguida. Gasta toda a energia e o seu tempo tentando buscar um culpado para tudo o que acontece na sua vida.

Esse tipo de pessoa tem uma tendência muito forte de buscar possíveis problemas quando normalmente não existem. Ela tem o moral destroçado, destruído, a autoconfiança já não existe porque os pensamentos dominantes são regidos pelas emoções erradas. Fica fantasiando coisas em sua mente para usar como pretexto ou para culpar alguém por algo que não está acontecendo como gostaria que estivesse. Afinal, nada dá certo em sua vida sofrida.

Ser prisioneiro das emoções é o que pode levar pessoas a terem esse tipo de comportamento. E é um dos piores tipos de prisão. Se usarmos da mesma analogia, é como viver em uma penitenciária de segurança máxima, daquelas com regras bem severas, e a única saída é eminentemente bloqueada.

Essa pessoa geralmente acaba machucando a si mesma, mas a consequência mais danosa é que ela machuca também os outros ao seu redor. As pessoas que ela ama, as pessoas que a amam, as pessoas de seu círculo social e familiar. Tudo isso por erros de julgamentos precipitadamente analisados. O que acontece na verdade é que ela faz uma só análise a partir do seu próprio ponto de vista e toma isso como verdade.

Entretanto, toda história tem três pontos de vista. O primeiro é o seu olhar; o segundo é como a outra pessoa envolvida enxerga a situação; e o terceiro ponto de vista é o das pessoas que não têm envolvimento direto, e que estão apenas olhando de fora; com o poder do julgamento e, geralmente, com maior isenção.

Infelizmente a análise do prisioneiro das emoções costuma ser egocêntrica e baseada somente na sua verdade. A sua opinião é a que vale. Todo o restante, o sentimento, a opinião e o ponto de vista das outras pessoas, passa despercebido pela sua checklist de julgamento.

Mais tarde, algumas pessoas caem na realidade porque se permitem observar as situações com "os óculos das outras duas visões". Com isso, é comum acabarem se arrependendo e afundando-se em um sentimento de angústia e dor.

Por que comparar a prisão das emoções com uma prisão de segurança máxima? Porque poucas são as vezes em que esse prisioneiro consegue se libertar sozinho. É preciso orientação e ajuda de um profissional, e de muito apoio de familiares e das pessoas que o rodeiam.

Cada caso e intensidade requerem um ou mais profissionais. Pode ser um coach, um terapeuta holístico, um mentor, um trainner, em outros casos precisa de psicólogos ou psiquiatras para sair desse tipo de prisão. O importante é reconhecer e permitir que esses profissionais possam atuar influenciando diretamente na vida do prisioneiro das emoções para que possam se libertar consciente e, com certeza, muito mais rapidamente.

São pessoas que vivem em algum outro momento, que não o agora, não vivem o hoje, o presente. Elas vivem com muitas preocupações e revivem constantemente lembranças do passado. Ou pior, imaginam situações do que pode acontecer no futuro criando (mentalmente) diversos cenários, geralmente negativos ou ruins, que levam à depressão, a angústias, a preocupações excessivas, à raiva, ao vitimismo e a sentimentos de ansiedade.

Os serem humanos têm cinco emoções universais: **Medo, Tristeza, Alegria, Raiva e Nojo.**

Recomendo fortemente que você assista à animação *Divertida Mente*, da Disney-Pixar, para que você possa entender um pouco mais sobre elas, caso ainda não tenha assistido. O filme trata de uma forma leve e divertida o assunto da inteligência emocional, e cada sentimento é um personagem que atua "com vida própria" dentro da protagonista.

Essas cinco emoções básicas, e universais, estão diretamente ligadas à vida cotidiana das pessoas. Desde a hora que despertam até o momento de dormir. Não importa qual seja a raça, a cor, o credo, o sexo ou a classe social, e por isso é tão importante entender um pouco mais sobre cada uma delas.

MEDO

O medo é um mecanismo de proteção importantíssimo para a sobrevivência humana. Imagine se você não tivesse medo, a quantos possíveis riscos se colocaria diariamente? Pois é justamente o medo — aquela reação natural e involuntária — que aciona um alerta de proteção, evitando que você se coloque em risco.

O sistema límbico do cérebro é ativado, as pupilas dilatam, você fica com a musculatura toda contraída, preparado para lutar, paralisar ou fugir a qualquer momento, o coração acelera e a sua respiração vai ficando cada vez mais ofegante. Essas são algumas das possíveis reações quando você se depara com o perigo, ou com algum desafio pouco conhecido.

Alguns medos travam fazendo com que você, instintiva ou involuntariamente, queira fugir. Esse é o tipo de medo (emoção) que deve ser combatido e controlado pela razão.

Sabe aquela entrevista de emprego que você desmarcou por medo de não ser contratado ou de não se achar capaz para desempenhar a função, de não ter habilidade ou conhecimento suficiente para o cargo? E aquela palestra ou reunião que você tem que apresentar e na hora dá uma dor de barriga, que não deixa você sair do banheiro? Ou ainda aquela paquera que você está de olho há anos, mas ainda não teve coragem de expor seus sentimentos até hoje? Saiba que é o medo que está fazendo você ficar paralisado. Por ironia do destino, saiba que a coragem não é a ausência de medo.

Coragem é ir apesar do medo

Parta do pressuposto que "Se alguém pode fazer algo, você também pode!". Sabendo disso, entenda que é possível assumir o seu protagonismo. Você não precisa ficar na plateia olhando os outros fazerem o que você gostaria de (e poderia) fazer. Se dando bem. Vá com medo mesmo! Acredite, todos sentem medo, a grande diferença é partir para ação e superar suas próprias barreiras. Prefira sempre pecar pela ação e não pela falta dela.

"O medo de perder tira a vontade de ganhar", essa é uma frase muito famosa atribuída a Vanderlei Luxemburgo, no mundo do futebol.

Entendo que Luxemburgo menciona essa frase para, justamente, fazer com que seus atletas ajam com convicção e coragem, apesar do medo que possam estar sentindo e assumam a fisiologia de um vencedor.

ALEGRIA

A alegria é a emoção que eu mais gosto. Obviamente, ela é a mais positiva e ligada diretamente ao prazer e à felicidade. Nosso corpo começa a se comportar de forma diferente porque esta é a melhor forma que ele encontra para incentivar a ação ou recompensa.

Podemos ativar alguns hormônios que são conhecidos como o quarteto da felicidade: dopamina, endorfina, serotonina e ocitocina. Esses hormônios estão sempre presentes e ativos no nosso organismo e a grande sacada é mantê-los em equilíbrio.

Possivelmente você já teve, na adolescência, aquele momento de paquera, certo? Um crush. Busque na sua memória como foi esse namorico e o que você sentiu. O que passou pela sua cabeça momentos antes de se encontrar com a pessoa amada? Como foi esse encontro? Como foi pegar na mão dessa pessoa especial? Agora, imagine os momentos em que vocês viveram durante aquele encontro, tente resgatar todas aquelas emoções que sentiu naquela época, reviva profundamente.

Acredito que você tenha sentido um misto de emoções e sentimentos.

Agora eu quero que você se concentre no momento da despedida, logo depois de ter soltado a mão dessa pessoa, que você tanto gostava, ou possivelmente amava. Aquele momento estava tão bom que você não queria se despedir, na verdade, queria que o relógio parasse de girar e que todo o resto congelasse naquele momento. Até que, inevitavelmente, vocês soltam as mãos um do outro. Você se afastava, lentamente, sem tirar os olhos da pessoa amada, e com o coração palpitando, querendo explodir, querendo saltar pela boca.

Tente esquecer todos os outros sentimentos e foque somente neste, que ficou imediatamente após esse encontro. Fique com esse sentimento vivo na memória o máximo que puder. E é bem provável que esteja sentindo a plenitude de todo o seu ser.

Posso apostar que você, agora, tem o mais largo de todos os sorrisos no rosto. Segue com os olhos fixos enquanto se afasta da pessoa e, por um instante, olha para os céus e agradece a Deus por estar vivendo tudo isso.

Nesse momento, se alguém cruzar com você, receberá o maior e melhor bom-dia ou boa-noite que se possa imaginar. Porque você estará praticamente dançando e cantarolando *Singing in the rain* no meio da rua, sem o menor pudor. É com esse sentimento que você cria um empoderamento muito forte e se sente como um super-herói. Chega a acreditar que poderia salvar o planeta mesmo que fosse atacado com toda a criptonita existente no mundo. Esse sentimento, de ser e estar pleno, é o sentimento da alegria.

Te fiz reviver todo esse sentimento para você entender que o que nos motiva a realizar algo é justamente o benefício de poder sentir a mesma coisa no futuro. O ser humano busca isso o tempo todo, mesmo que sem saber, inconscientemente; afinal de contas, é esse sentimento intenso de alegria que se almeja repetir.

Agora, se você estiver pensando que não tem essa motivação ou que não consegue se sentir beneficiado, provavelmente você está dominado pela tristeza neste momento, e está tudo bem. Entenda que tudo na nossa vida é cíclico, a própria vida em que vivemos é feita de ciclos, assim como há o inverno e o verão, na vida temos altos e baixos. Ninguém vive em um platô de alegria, assim como ninguém vive com momentos de tristeza constante. Quando você entender isso e pegar essa única chave, será libertador, posso te garantir.

Da mesma forma em que o inverno vai embora, vem a primavera florescendo todos os jardins e começa a colorir o mundo que logo vai dar lugar ao verão; na vida acontece exatamente da mesma forma. Então, quando sua vida estiver no inverno, saiba que vai passar, que logo virá a primavera e, em seguida, poderá surgir o melhor verão de todos os tempos.

Lembra do sentimento de alegria e empoderamento que sentiu com a experiência feita quando relembrou do crush? Tenho certeza de que, se procurar bem, remexer em todas as suas memórias, vai recordar de muitos momentos assim durante a sua vida. E essa quantidade de memórias está diretamente relacionada à quantidade de verões — estação do ano — que você já presenciou, obviamente.

Ser feliz o tempo todo é uma utopia. Você, de fato, passará por momentos de felicidade, alguns com maior intensidade, outros de menor intensidade. Entenda que em algum momento esse ciclo vai mudar e vai migrar para algum outro tipo de sentimento. Portanto, não confunda infelicidade com momentos de não felicidade. É preciso estar pronto para lidar com as dificuldades e principalmente com as frustrações, sabendo que isso tudo é um gigantesco vai e volta. Qualquer emoção que esteja sentindo não será constante eternamente. Passará.

O seu momento de alegria e felicidade, de medo, de raiva, de nojo ou de tristeza é como andar em uma roda gigante, em uma mesma volta, uma hora você está em cima e em outra está embaixo.

A tristeza compõe as nossas emoções porque é importante para o fortalecimento e o amadurecimento de quem somos. Sentir alegria e tristeza faz parte do ser humano. Entretanto, quando há dois extremos que persistem no seu cotidiano, a ponto de incomodar e trazer certas dificuldades de relacionamento ou interação social, esteja alerta; é sempre importante avaliar isso por meio de profissionais da área da saúde.

TRISTEZA

É o sentimento exatamente oposto ao da alegria. A tristeza consiste em um estado de desânimo, cansaço e solidão: é assim que costumamos definir a tristeza. Por mais que você sempre queira fugir dela, é preciso entender que se trata de uma emoção absolutamente normal e que pode, em certos momentos, ser até saudável. Afinal, ela faz parte da vida.

Ainda assim, é importante ficar atento para que ela não se prolongue por muito tempo. Deixar a emoção da tristeza se agravar ao ponto de ser uma presença muita constante pode vir a se tornar depressão ou algo do gênero.

A tristeza comum e saudável deve ser passageira, assim como acontece com a alegria. Deve ser um outro ciclo da nossa vida. Então, entenda de uma vez por todas e grave isto na sua cabeça: ninguém tem alegria ou felicidade plena, da mesma maneira que ninguém tem tristeza para sempre.

Você não foi amaldiçoado. Muito menos fadado a ser infeliz para o resto da vida. Tire essa crença da sua cabeça e da sua vida.

Aceite, receba e dê valor a todos os momentos alegres que você já teve na sua vida. Certamente já sentiu alegria ao dar o primeiro beijo, ao conseguir o primeiro emprego, ao ganhar uma promoção ou simplesmente por receber um abraço de quem te quer bem.

A grande magia dos sentimentos é que, assim como a tristeza vem à sua mente, a alegria também pode vir. É você quem decide. Quando algo que te desagrada acontecer, reviva um sentimento de alegria. Você pode trazê-lo novamente a qualquer momento na sua mente para tomar conta da sua vida, nem que seja por alguns instantes. O exercício que você deve fazer é justamente tentar guardar esse sentimento bom pelo maior tempo possível na sua mente, se force a relembrar sempre que considerar necessário. Cada vez que você revisita um desses acontecimentos bons, que foram felizes na sua vida, você dispara ao seu cérebro uma mensagem estimulante.

Esqueça essa paranoia de que você precisa ganhar na loteria primeiro, comprar o seu carro ou conquistar a tão sonhada casa própria para ser feliz, ou ainda que precisa achar o príncipe encantado para vocês viverem felizes para sempre, como em um conto de fadas.

De uma forma simples, a ciência já identificou um caminho para estimular os nossos neurônios a produzir mais serotonina, endorfina, dopamina e oxitocina. Esses neurotransmissores, quando surgem, parecem estar vestidos com capas de super-heróis para nos alegrar, são os protagonistas dos nossos momentos felizes.

Porém, cientistas também descobriram que eles não ficam em atividade o tempo todo. O quarteto da felicidade — como são conhecidos esses neurônios — é acionado quando a mente detecta uma situação favorável e é desligado instantaneamente, quase como um passe de mágica. É por esse motivo que o prazer, a alegria e, principalmente, a excitação permanecem por pouquíssimas horas ou somente por alguns minutos.

Segundo a neurocientista nova-iorquina Loretta Graziano Breuning, em seu livro *Habits of a Happy Brains* (Hábitos de um cérebro feliz)[5], é possível escolher que o sentimento venha acompanhado de uma dose de excitação ou de relaxamento. Ela afirma que é possível identificar a relação entre os neurotransmissores e a emoção vivenciada na mente. Logo, é possível que você consiga repetir episódios felizes, assim como consegue evitar situações que despertam tristeza ou mau humor.

Para o poeta Charles Bukowski, a tristeza é causada pela inteligência, porque quanto mais você entende certas coisas, mais você gostaria de não as compreender. Mas quando Bukowski disse isso, talvez não soubesse que essa emoção pode ser controlada e tem vários níveis de intensidade, que vão desde um estado de desapontamento até a angústia, que é bem mais intensa. Ela pode ser desencadeada por diversos acontecimentos como, uma desilusão amorosa, problemas financeiros, traumas, descontentamento profissional/pessoal ou algum outro tipo de conflito interior. O que ocorre é que, com sua inteligência e conhecimento no assunto, você consegue controlá-la de forma saudável.

Imagine o funcionamento de um carro. Você sabe que para que ele funcione como esperado é preciso ter água no radiador, fluido de freio, ar nos pneus, óleo no motor e combustível no tanque. Então, se faltar qualquer um desses itens, até pode ser que o veículo se movimente, mas é muito provável que não vá muito longe. E ainda corre o risco de sofrer um acidente no percurso.

É exatamente da mesma maneira que acontece com o nosso estado emocional. Com pouca serotonina, o mau humor tomará conta do seu dia. Sem endorfina, faltará ânimo para malhar e até para sair da cama e, assim, a tristeza vai minando sua vida. Para conseguir domar os sentimentos e as emoções, é muito mais fácil do que se imagina. Basta saber como liberar esses neurotransmissores queridinhos (e necessários).

Dê abraços, beijos, carícias — o ato de amar e ser amado faz o cérebro liberar automaticamente muita ocitocina. É inevitável a sensação de alegria e plenitude quando você está perto das pessoas que ama. Esse hormônio é o mesmo liberado pelas mamães grávidas no momento do parto e depois quando está amamentando, é o hormônio do amor e das relações interpessoais. Busque dar boas gargalhadas, saia para se divertir com amigos,

---

[5] BREUNING, Loretta Graziano. *Habits of a Happy Brains*. Massachusetts: Adams Media, 2016.

faça atividades bacanas em casa com os familiares ou, simplesmente, assista a uma boa comédia — daquelas que vão te arrancar boas gargalhadas. Qualquer uma dessas coisas fará o seu cérebro se encher de endorfina e trará aquela sensação de prazer, alegria e bem-estar.

NOJO

O nojo gera repulsa ou a necessidade de rejeitar algo. O nojinho, como muitos gostam de dizer, acaba criando uma sensação clara e objetiva de que você não está gostando de algo e tem uma sensação de desagrado. Quem tem ou teve filhos pequenos, deve lembrar das caretas que eles fazem para certos tipos de alimentos. Chega a ser engraçadinho porque essa é uma resposta automática que caracteriza o nojo — um tipo de repulsa, só de se imaginar comendo aquilo que não gosta.

É interessante observar como uma futura mamãe também tem muito esse sentimento e, como efeito fisiológico mais comum, ela sente náuseas e mal-estar gastrointestinal. Costumo dizer que tudo tem um lado positivo, inclusive o nojo. Talvez você nunca tenha parado para pensar nisso, mas esse sentimento tem como principal função evitar qualquer tipo de estímulo que possa provocar uma intoxicação. O nojo ajuda a manter distância de coisas que podem fazer as pessoas adoecerem como, comidas estragadas, secreções corporais e alguns animais peçonhentos, como baratas e ratos.

O nojo nada mais é do que uma resposta emocional de rejeição a algo potencialmente contagioso, ofensivo, desagradável ou perigoso. É um sentimento que vem principalmente pelo paladar, mas pode ser percebido também por outros sentidos como o olfato, o tato ou a visão. A parte do cérebro responsável pelo nojo, a ínsula, ou córtex insular, também está ligada às emoções e, por isso, é possível sentir repulsa de coisas abstratas como nojo de crueldade, por exemplo.

Então, não se preocupe se você tem um nojo moderado. O alerta deve surgir caso você perceba um sentimento exagerado de nojo, o que não é incomum. Tudo o que é demais está em potencial desequilíbrio; logo, sentir nojo exageradamente pode ser um sinal de que você possa ter um transtorno obsessivo compulsivo (TOC). Por exemplo, pessoas com medo excessivo de contaminação e que passam a evitar qualquer situação que possa ter um mínimo risco de contaminação terminam por criar ambientes propícios para que não existam riscos e terão dificuldades de interagir com outras pessoas. Situações desse tipo são uma patologia que precisa de tratamento.

Existe um teste muito fácil para você descobrir se está exagerando seu nível de "nojinho": a modelagem. Basta observar como a maioria faz e, caso você esteja fora do padrão de comportamento, ligue o sinal de alerta. Isso ainda não quer dizer que esse é o seu diagnóstico. Calma, respire. É só uma luz vermelha, piscando, para que você preste mais atenção no modo que age.

Por exemplo, caso tenha alguma repulsa ou sensação elevada de desconforto para pegar um alimento na mão enquanto todos os outros pegam ou caso não consiga pisar no chão descalço ou encostar em algo sem sair correndo para lavar as mãos, pode ser um sinal de que algo precisa ser feito. Não comer em restaurantes ou na casa de outras pessoas, ou ainda, não sentar em local público é altamente recomendado que, pelo menos, você procure conversar com um profissional para ter certeza de que você não precisa de ajuda.

Lembre-se de que o nojo é um sentimento necessário, mas que o nojo e o desprezo em excesso podem ser um desequilíbrio que precisa ser tratado de maneira adequada.

RAIVA

A raiva, assim como visto com outras emoções, também pode funcionar como um mecanismo de proteção ou estímulo.

Quando se tem controle sobre esse sentimento, ele pode ajudar no entendimento sobre certas situações da vida, pode fazer com que você saia da sua zona de conforto por exemplo. Pode também ser um combustível na busca de motivação para melhorias na sua vida e até poderá trazer, por meio do estímulo cerebral, soluções que talvez, sem a raiva, você sequer cogitasse como opções.

Muitos treinadores também utilizam da liberação da raiva como uma forma de descarregar tensões. Outros, como forma de transformação, fazendo dela uma força positiva para que você possa conquistar aquilo que realmente quer. Sempre com muito equilíbrio, controle e atenção.

Pense em como você reage no trânsito quando leva "uma fechada" ou um simples buzinaço. Quão grande é a sua raiva quando pega uma fila gigantesca que não anda e se vê ali, por horas e horas, perdendo seu tempo? Ou qual seria a sua reação quando o computador ou celular trava justo na hora errada? Perceba que são várias as situações, no cotidiano, que podem causar a sensação de frustração e raiva excessiva.

A raiva também pode acionar, no cérebro, o circuito de luta e fuga. Essa emoção interliga o sistema nervoso central e periférico com o sistema endócrino, logo, em algumas situações, é possível que você fique mais atento e de olhos bem abertos, em profundo estado de alerta. O maior erro é deixar se consumir por essa emoção e descontar em quem está ao seu lado — o que, infelizmente, geralmente acontece.

No momento de descontrole, não importa quem está por perto, seja um familiar amado, seja um amigo ou colega de trabalho, quando aquele sentimento estressante vem de forma avassaladora, a pessoa estoura e ofende sem peso nem medida — e é natural que isso aconteça eventualmente. Porém, cultivar essa raiva excessiva faz com que o corpo humano entre em estado de estresse, pois a descarga de adrenalina no organismo é muito grande. Isso é prejudicial porque pode causar inclusive alterações fisiológicas como aumento da pressão arterial e dos batimentos cardíacos gerando tonturas, vertigens, tremores, inquietação e insônia. Para não ser um refém da raiva, você deve aprender a administrá-la de forma saudável, tendo em vista que ela afeta negativamente as suas relações sociais.

CAPÍTULO IX

> **"**
>
> *O resultado da sua vida de hoje é o reflexo das ações que você teve, gerenciadas pelas emoções diretamente interligadas a elas.*

(Gian Lisboa)

CAPÍTULO IX

A TRANSFORMAÇÃO

"O resultado da sua vida de hoje é o reflexo das ações que você teve, gerenciadas pelas emoções diretamente interligadas a elas."

Gian Lisboa

Quero compartilhar com você o que aconteceu comigo. Em 2014, eu já estava "enraizado" em Santa Cruz do Sul havia seis anos quando acabei voltando a trabalhar na fábrica de sorvetes dos meus pais, na cidade vizinha de Candelária, interior do Rio Grande do Sul.

Após uma conversa franca com o meu pai, decidi voltar a ajudá-lo na administração do negócio familiar. A fábrica estava crescendo muito rapidamente e lembro bem das palavras que ele me disse: "Preciso de ti porque não consigo abraçar tudo, algumas coisas estão fugindo por entre meus dedos".

Aceitei o desafio e voltei a trabalhar com ele na fábrica.

Lembra que, lá no Capítulo III, eu contei que tinha vários negócios ao mesmo tempo?! Então, eu já tinha a minha empresa em Santa Cruz, que estava de vento em popa na época, porque não foi sempre assim, quando decidi abrir uma sorveteria com os produtos fabricados pela indústria do meu pai, a Gut Sorvetes, eu passei por maus bocados, desde falta de tempo até aperto financeiro, tendo que escolher entre comer ovo cozido ou miojo para o almoço. Mas, nessa época do convite do meu pai para voltar a ajudá-lo, a Gut do Max Shopping Center era um sucesso, graças a vários sacrifícios que tive que passar, e como eu já tinha um modelo organizacional que possibilitaria o funcionamento sem mim, deixei o varejo rodando e voltei a atuar na indústria, com meu pai, sem medo.

Na verdade, tive sim um pouco de medo e fui apesar do medo e das incertezas futuras, tanto da Sorveteria Gut, de Santa Cruz, quanto do meu novo trabalho na fábrica, em Candelária. Porque a coragem não é a ausência de medo, mas, sim, ir apesar do medo, não é?!

Como eu tenho o perfil de executor, já cheguei mudando muitas coisas que iam desde os processos às organizações estruturais. As coisas iam muito bem na primeira temporada até que, um dia, soube de uma conversa paralela entre os funcionários. Sim, a famosa fofoca. Diziam que um ex-colaborador, que havia sido desligado fazia pouco tempo, estava falando pela cidade que: "Esse guri vai 'quebrar' a empresa do pai dele".

Na hora, eu tive um misto de sentimentos. Definitivamente não sabia o que estava sentindo de verdade. Por um segundo, comecei a me questionar sobre estar fazendo tudo errado por lá, mas ainda bem que esse pensamento passou muito rápido em minha mente, porque eu tinha a convicção de que estava fazendo o meu melhor.

E isso poderia ter virado uma crença minha, porque já sabia de pesquisas que indicavam que três em cada quatro empresas familiares, no Brasil, fechavam as portas após serem sucedidas pelos herdeiros. Apesar de ter me entregado aos números e às dúvidas sobre minha real capacidade, comecei a pensar que eu não poderia entrar nessa estatística. Ressignifiquei aquela mensagem. Até porque eu não tinha herdado a empresa ainda, meus pais ainda estavam ali, vivos, e me ajudando com suas experiências de mais de 30 anos. Foi nesse momento que apareceu uma outra emoção, que estava mais forte e presente, a raiva. Foi ela que serviu de combustível para que eu pudesse trabalhar com muito mais garra e mais afinco. Queria mostrar para o fofoqueiro frustrado que eu iria passar por cima de todas as adversidades e que não iria acontecer o que ele falou.

Na verdade, não era só na cara dele que eu queria esfregar o resultado da minha capacidade. Queria provar a mim mesmo que eu poderia, que teria a capacidade e que conseguiria.

Hoje, agradeço àquela fofoca ter chegado a mim. Nunca soube se realmente aquilo foi dito de verdade, mas isso, realmente, não importa mais.

E só estou te contando esse fato porque hoje a Gut Sorvetes é um exemplo de empresa, tanto na questão organizacional quanto na ambiental. Inclusive, está se tornando referência pela responsabilidade ambiental com o projeto BioGut — que desenvolveu uma embalagem biodegradável, o "pote verde", que se decompõe em 12 anos. Também é uma empresa reconhecida pelo selo EuReciclo por implantar o sistema de logística reversa, em que a empresa fica responsável pelo lixo que gera. Também é uma empresa ecorresponsável e utiliza apenas palitos de madeira de reflorestamento em seus produtos, além de muitas outras ações sustentáveis. A Gut Sorvetes incentiva seus colaboradores e clientes a deixarem um mundo melhor para as próximas gerações.

A Gut é uma empresa que hoje tem um organograma, tem lideranças internas, tem processos bem alinhados, tem uma equipe que se autoajuda, que é coesa e muito unida. Uma verdadeira segunda família. Lá cada um sabe o seu papel e a quem recorrer, caso seja necessário. Com isso o negócio se consolida e tem um crescimento consistente, ano a ano, aumentando, assim, o faturamento, a visibilidade, além de um branding mais fortalecido por meio da cultura de resultado implementada na empresa.

Eu estou te contando esse episódio da minha história porque quero que você entenda que é preciso saber dosar e controlar as suas emoções. Você sempre terá a opção de usá-las a seu favor, como foi o meu caso, e fazer com que tudo isso leve você ao objetivo desejado e ao sucesso.

Hoje consigo enxergar que aquela frase, que me desmotivou na época, foi o motivo de eu viver o que vivo hoje. Se não fosse por ela, talvez eu não tivesse ido buscar todo o conhecimento e toda a ajuda possível para manter uma evolução constante, não só para a empresa, mas para a minha vida pessoal também. Os últimos anos foram de uma busca constante que me levam, gradualmente, ao próximo nível.

Talvez você só esteja lendo este livro em função desse sentimento transformado. A raiva foi o combustível para eu conquistar a organização da empresa, inicialmente. Depois eu também conquistei a liberdade de tempo para poder me dedicar ao desenvolvimento humano. Só então eu pude criar o meu canal no YouTube e pude ter tempo, e iniciativa, para escrever este livro, que tenho a certeza de que será um best-seller.

Transforme sua raiva em algo bom. Faça dela o combustível que te levará a subir o próximo degrau na conquista de seus sonhos.

> **"O resultado da tua vida de hoje é o reflexo das ações que você teve, gerenciadas pelas emoções diretamente interligadas a elas."**

APROVEITE O DIA

Carpe diem. Muitas pessoas vivem o princípio dessa frase oriunda do latim e, com certeza, você também já deve ter desejado *Carpe Diem* para alguém em algum momento da sua vida. A expressão é considerada uma filosofia de vida que sugere que se aproveite o momento, que se viva o hoje, sem medo do futuro.

Na prática é preciso se permitir experienciar um dia diferente. Viva o hoje e tente limpar os sentimentos que te puxam para baixo. Lembre-se que você tem o poder de mudar seu dia porque na vida existem verões e invernos, altos e baixos, exatamente como em uma montanha-russa. A diferença é que você pode escolher mudar as vibrações do seu dia e começar a subir subitamente, mesmo que pareça estar em queda livre.

Faça acontecer e tenha em mente sempre estas duas perguntas:

- Como vai ser a minha vida daqui um, dois ou cinco anos se eu continuar assim, fazendo as mesmas coisas?
- Se eu mudar agora, o que de pior pode acontecer?

Em posse dessas duas respostas, bem elaboradas, posso lhe garantir que você terá a chave do início de sua nova vida e que, agora, só depende de você.

Coloque em prática. Comece hoje mesmo a fazer aquilo que você sempre quis, mas, de alguma forma, procrastinou. Não há mais o que temer, afinal, ciente das duas respostas, já terá conhecimento de como será a sua vida se não fizer nada e do que de pior pode acontecer se fizer. Então, agora é com você. Arregace as mangas e faça!

Entenda que as emoções têm a capacidade de prejudicar e de curar não apenas psicológica, mas também fisicamente. É difícil se desprender dessas amarras, mas não é impossível. Nada acontece da noite para o dia e será preciso ter paciência e persistência. Entenda que a maior chave para conquistar algo e obter sucesso é a constância. Dia após dia.

Independentemente de sentimento ou emoção que possa estar sentindo neste momento, mãos à obra! A construção da sua nova vida começou.

CAPÍTULO X

"

Foca-te naquilo que queres, tudo o resto é uma distração.

(Surama Jurdi)

CAPÍTULO X

O PRISIONEIRO DAS DISTRAÇÕES

"Foca-te naquilo que queres, tudo o resto é uma distração."

Surama Jurdi

Existem tantas coisas acontecendo durante o nosso dia que, por diversas vezes, é difícil manter o foco. É bem provável que isso também aconteça com você.

Sabe quando você não consegue se concentrar no trabalho para produzir melhor ou não consegue se concentrar nos projetos que tem em andamento? Ou pior, eventualmente, não consegue se concentrar em uma conversa com alguém que você gosta muito e, com isso, não consegue criar aquela conexão emocional e de real interesse na outra pessoa?

E aqueles dias que você chega ao trabalho, pega seu material ou agenda, começa suas atividades, tudo vai muito bem e então vem aquele pensamento: "Oba! Hoje vai render". Sente uma fagulha de motivação e com um brilho nos olhos, aquele de quem está determinado a conseguir seu objetivo pessoal — que é de terminar tudo aquilo que começou e planejou para o dia —, segue organizando e executando todas as tarefas. As horas passam, o final do expediente chega, você olha para trás e não entende o que aconteceu.

Percebe que não chegou nem perto daquilo que havia planejado e então começam as desculpas. Pensamentos que você assume como suas verdades para justificar o fato de não ter conseguido cumprir com as suas obrigações. Então, você começa a colocar a culpa em outras pessoas ou em fatores externos, como o tempo. Normalmente é "culpado" por ter passado muito rapidamente.

"Meu deus, o dia passou voando!"
"Não consegui fazer nada!"

O que aconteceu, na verdade, é que você usou o tempo que tinha de forma errada e, provavelmente, foi reativo à maioria das distrações que foram aparecendo no decorrer do dia. Talvez nem tenha percebido que foram essas coisas que tiraram a sua produtividade, o seu tempo e a conclusão das tarefas, metas e objetivos daquele dia, da semana, do mês ou do ano.

Entre todas as distrações possíveis, costumo dizer que existem dois tipos que são os piores:

1. **Distrações cotidianas**: são as distrações mais comuns e existem desde que o mundo é mundo. Pode ser, por exemplo, algum fator biológico, como dor no corpo, que te impede de manter a concentração por muito tempo. Mas também podem ser as pessoas, como colegas de trabalho, familiares, amigos e cônjuges. Elas podem te interromper muito mais do que você imagina, e se você não bloquear essa interrupção de alguma forma será, com certeza, a maior causa de sua falta de produtividade.

2. **Distrações da vida moderna**: a informação está ao nosso alcance por meio da internet. A comunicação está muito facilitada e rápida. Dessa forma, a todo momento está "pulando" alguma informação na nossa frente ou "pipocando" mensagens de pessoas querendo atenção. Com a impaciência de quem deseja sua atenção vem a presença do seu smartphone no ambiente de trabalho, afinal, as pessoas exigem cada vez mais uma resposta rápida ou não aceitam sua "demora" e "ausência" na interação. Isso simplesmente faz com que seu dia a dia seja prejudicado.

Devido às conexões que temos com os amigos, que a todo momento estão querendo conversar, é necessário que você tenha muito cuidado.

Existe aqui uma linha tênue. Não é preciso evitá-los e muito menos virar uma pessoa antissocial, não é disso que estou falando. O que eu quero ressaltar é a necessidade de se colocar algumas regras, limites e deixar isso claro para as pessoas.

Acredito que a opção de sentar e conversar com os amigos mais próximos pode ser importante porque eles irão entender perfeitamente a sua nova jornada e sua nova forma de respondê-los. A partir de agora não será tão imediata assim como eles estão acostumados, mas que você o fará assim que possível e se manterá presente.

Já com a sua família é ainda mais fácil explicar, apesar de que, provavelmente, ela pode ser o seu maior problema hoje. Principalmente se você estuda ou trabalha a partir de casa. Nesses casos, é crucial entrar em um acordo com seus familiares porque são eles que podem querer a sua atenção o tempo todo. Além disso, também podem sugar sua atenção com barulhos e conversas paralelas. Tente bloquear o seu ambiente de trabalho ao máximo e peça a colaboração de todos. Explique o quão importante é para você conseguir realizar seu trabalho, projeto ou estudar de forma mais assertiva, satisfatória e produtiva.

As distrações no trabalho costumam acontecer com dois tipos de colegas: o pedinchão e o carente. O primeiro é aquele colega que adoram pedir um favorzinho o dia todo. Ele começa pedindo para pegar um café ou água para ele também, já que você está indo até a copa. Não tem nada demais com isso, mas você já percebeu que o contrário nunca acontece?

Então, minutos depois ele pede para você ajudar com outro favorzinho, um dia é com o relatório, outro é se você pode ligar para um cliente que ele não gosta, e assim vai sugando seu dia. É aquele colega que vai minando o seu tempo com pequenas tarefas que parecem "inofensivas", mas que não deixam que você produza como deveria e impedem que você faça o que realmente precisa ser feito. Muito cuidado porque, às vezes, esse colega é o seu líder ou, até mesmo, pode ser o proprietário da empresa ou o seu empregador.

Se esse for o seu caso, o mais sensato é tentar conversar e explicar que você quer o melhor para a empresa. Que precisa ter mais privacidade para ter maior produtividade, fazendo-o entender que todos ganharão no final.

O segundo tipo de distração vem daquele colega que adora conversar e precisa de atenção, então, quer contar tudo o que acontece na família dele,

| HÁBITOS QUE LIBERTAM |

o quanto ele teve que aturar a sogra durante o jantar em família ou o que o vizinho fez naquele final de semana. É o colega que sabe de absolutamente todas as tragédias que ocorreram porque ele viu no jornal de ontem e "precisa" contar para os amigos do trabalho. Ele, normalmente, tem o perfil de comunicador e costuma chegar cumprimentando todo mundo com alto astral, o cara bonachão que todos gostam e que são ótimos contadores de piadas.

Se você quer produzir mais e melhor, acenda o alerta. Procure fazer uma blindagem mental e física e sente o mais longe possível dessa pessoa. Se puder, solicite uma baia que bloqueie o seu ambiente de trabalho ou, se puder, utilize fones de ouvido. Pode ser uma ótima solução para manter o foco e a produtividade. Mas preciso te dizer que isso, infelizmente, não costuma funcionar muito.

O mais eficaz mesmo é a velha e boa conversa. De forma sutil, chame esse colega durante o intervalo e explique o seu novo objetivo profissional. Compartilhe sua meta dizendo que precisará da cooperação dele, que assim terá mais concentração, logo, será mais produtivo, mas que, para isso, precisa ser menos interrompido com conversas. Enfatize que você sempre estará disponível para conversar nos intervalos e fora de horário de trabalho, que vocês são amigos e que isso não vai mudar.

Se você acha que tudo isso pode ser muito trabalhoso ou que talvez não vá fazer tanta diferença assim no seu dia, proponho que faça um teste.

Hoje mesmo, ou no próximo dia em que for trabalhar, repare em quantas vezes você será interrompido. Analise como e por quem, enquanto está concentrado em alguma tarefa. Em alguns casos, o número passa das centenas. Então, aproveite para registrar tudo.

Escreva

A professora Gloria Mark, da Universidade da Califórnia, de Irvine, nos Estados Unidos, é especialista sobre os efeitos de distrações e interrupções no escritório. Suas pesquisas começaram a chamar atenção em 2006, antes mesmo de os smartphones se tornarem populares. Ela descobriu que a jornada de trabalho tem mais a ver com os minutos seguidos de concentração do que com a jornada total de horas trabalhadas.

Ela também observou e cronometrou as rotinas de diversos funcionários e descobriu que o tempo médio em que as pessoas passam fazendo algo, antes de uma interrupção, é de apenas três minutos e cinco segundos. Isso quer dizer que, em muitos casos, esse é o máximo de tempo em que as pessoas conseguem permanecer fixadas e focadas em algo que estão trabalhando.

Diferentes das pausas, que são focadas e deliberadas, as distrações e interrupções te pegam desprevenido e tiram todo o foco da tarefa.

Segundo a pesquisadora, 44% das vezes, a interrupção vem do próprio indivíduo. Logo, o foco contínuo — por horas a fio — é um mito. Ela diz que as pessoas se enganam quando ficam em frente ao computador por muito tempo porque, na verdade, já estão ali, brevemente, antes de fazerem outra coisa. Então, o cenário existente é de extrema desatenção, mesmo quando não se percebe isso.

Ela ainda suspeita que isso tenha relação com a teoria da gratificação instantânea e explica que muitas pessoas têm uma dificuldade natural em adiar aquilo que dá prazer imediato. Mas se a razão para essa troca ainda não é clara, o custo das interrupções e a troca incessante de tópicos causam estresse, atrasam ou interrompem a realização de tarefas que poderiam ser executadas muito mais rapidamente. Ela ainda diz que isso dá a sensação de não conseguir acompanhar o ritmo — situação familiar para muitos. Ou seja, mais um dia de trabalho chega ao fim e a impressão é de que a pilha de tarefas só aumentou.

Ainda segundo a pesquisa conduzida pela professora Mark, precisa-se de cerca de 25 minutos para que um indivíduo retome sua atenção plena, em alguma tarefa, depois de ser interrompido. E concentrar-se novamente na tarefa original exige muito esforço cognitivo que, por sua vez, traz mais estresse.

A boa notícia é que existem algumas formas criativas, e outras bastante tradicionais, para driblar essa tendência às distrações e interrupções.

Para a autoblindagem, ou seja, evitar que você mesmo perca o foco durante uma atividade no trabalho, é importante entender de forma clara o que está tirando a sua atenção do que é preciso ser feito. Logo, é importante que você faça o exercício que foi proposto há pouco para que possa entender o que se passa na sua rotina e melhorar.

Outra dica é pensar: qual seria o melhor lugar para deixar o seu celular durante o trabalho? Na mochila, no bolso, em cima da mesa ou ao lado do teclado? Seria interessante e benéfico que algum aplicativo seja excluído? Existe um lugar mais isolado no seu escritório, ou posto de trabalho, em que você possa ir eventualmente para se concentrar em tarefas que demandam mais atenção? Você possui notificações por push de sites, de redes sociais, ou do próprio e-mail corporativo, que podem ser desativadas? Recebe notificações de mensagens na tela bloqueada do celular?

É importante refletir sobre tudo isso para entender o que realmente tira a sua atenção, suga seu tempo e a sua produtividade. No final das contas, o melhor truque é o bom e velho autoconhecimento. Entender em que ambientes você costuma ser mais produtivo, impor limites ao que tira sua atenção, como uso de internet e celular, e criar seus próprios sistemas que informem seus colegas, amigos e familiares sobre o seu momento de concentração.

Infelizmente a interrupção é uma praga para a produtividade de qualquer profissional.

Seja disciplinado e tenha consistência no que quer.

CAPÍTULO XI

"

*Tome cuidado com
o vazio de uma vida
ocupada demais.*

(Sócrates)

CAPÍTULO XI

O PRISIONEIRO DA CULPA

"Tome cuidado com o vazio de uma vida ocupada demais."

Sócrates

Constantemente o ser humano está em busca de algo, seja para o crescimento pessoal ou para o profissional. Mas quando esse "algo" não acontece da forma ou no tempo idealizado, as pessoas são tomadas por um sentimento de culpa.

Assim como acontece com os outros sentimentos, a culpa pode tornar as pessoas melhores e mais experientes. Ela permite o crescimento e a evolução do indivíduo desde que esse sentimento seja compreendido e administrado da melhor maneira possível. Como uma nova forma de enxergar e reconhecer as nuances que diferenciam aquilo que é certo daquilo que é errado. Significa que, ao sentir culpa, você está assumindo seus erros, certo? Então, é exatamente esse entendimento e reconhecimento que farão você evoluir, ao tentar corrigir o seu próprio erro. Essa é a chave. Sentir culpa está diretamente relacionado a assumir responsabilidades, pelos seus próprios atos e eventuais erros.

A sua evolução acontece quando você vai lapidando seus valores e, com eles, certas regras vão norteando o seu mundo ideal.

A partir dessa premissa, é absolutamente natural sentir-se culpado ao transgredir qualquer uma dessas regras que surgiram durante a sua jornada, afinal, você estará ferindo os valores de uma vida toda.

Entretanto, quando uma pessoa é dominada pela sensação de culpa, ela entra em um processo autodestrutivo. Passa a sentir remorso sem sentido, o tempo todo, torna-se uma pessoa "reclamona" e, geralmente, desenvolve alguns comportamentos compulsivos. Come demais, compra demais, acumula demais. Ou ainda busca jogos de azar, tem mania de limpeza, necessidade excessiva por sexo e pornografia.

Há quem conte e reconte a mesma coisa inúmeras vezes e, em alguns, desenvolvem até a tricotilomania, que é o hábito incontrolável e recorrente de arrancar fios ou tufos de cabelo.

De uma forma mais branda, mas que também pode acometer uma pessoa que não consegue se livrar do sentimento de culpa, é a vergonha de seu próprio comportamento. A incapacidade de se perdoar pode fazer com que a pessoa perca muito tempo de sua vida sofrendo por algo que poderia ser controlado.

Nesses casos, a culpa pode ficar muito pesada, parecer toneladas em seus ombros e que ficam lá, durante todos os dias, ou até mesmo por uma vida inteira.

Existem estudos sobre o assunto que afirmam que a maior parte da culpa sentida pelas pessoas não é por algo que ela tenha cometido de errado, mas sim por algo que ela não realizou. Um desses estudos, realizado com mais de cem pessoas, em estado terminal, indica que os maiores arrependimentos e sentimento de culpa estavam relacionados com as coisas que elas não fizeram na vida; ou seja, por não terem tido a coragem de fazer o que realmente queriam.

Os fatores mais comuns que geram culpa são: de levar uma vida segundo desejos alheios; de trabalhar muito e se divertir pouco; de deixar pessoas especiais esquecidas; ou de passar a vida buscando a felicidade em vez de aproveitar a jornada e ser feliz enquanto ela acontece.

Por fim, você ainda pode estar preso à culpa alheia, que é quando você tira o peso de seus ombros e joga para os ombros de qualquer outra pessoa ou situação.

Já notou que existem pessoas que sempre se esquivam da culpa e tiram de si a responsabilidade por qualquer coisa? Por exemplo, quando os resultados não saíram como desejado e a vida não está como foi planejada, existem pessoas com o costume (horrível) de colocar a culpa em algo ou alguém para aliviar seu próprio peso. Enquanto poderiam ter a nobreza de assumir suas responsabilidades e a aproveitar a chance de crescer e evoluir.

Ou seja, são pessoas que consideram o que dá certo, devido à própria capacidade, ao talento e ao esforço. E quando algo dá errado é porque alguém atrapalhou, porque foi injustiçado ou porque teve um azar danado.

Pessoas assim sempre criam justificativas para manterem a imagem do "eu" sem falhas. Inevitavelmente colocam a culpa em tudo ou em todos. Nas crenças, na sociedade, no formato de ensino, na família, nos nossos pais. Nos professores, na igreja e até mesmo em Deus. Tenho certeza de que você já ouviu, e talvez até tenha usado, alguma dessas frases:

"Foi como Deus quis!" "Entrego nas mãos de Deus!" "Foi Deus quem quis assim!" "Seja o que Deus quiser!"

Todas elas, por mais banais que sejam, estão tirando uma responsabilidade que é sua para colocar na conta de Deus.

Ainda que eu tenha certeza de que Deus quer o melhor para você, uma coisa é certa: Ele te dá o caminho e as ferramentas, mas não faz nada por você. É absolutamente tudo por sua conta e seu risco. É você quem faz, ou não faz, o que deve ser feito. Assuma a responsabilidade.

> Não busque culpados.
>
> Busque soluções.

CAPÍTULO XII

"

Como é perigoso libertar um povo que prefere escravidão.

(Maquiavel)

CAPÍTULO XII

O DIAGNÓSTICO

"Como é perigoso libertar um povo que prefere escravidão."

Maquiavel

Quando você vai a um médico, primeiro o que te dá motivo para pegar o telefone e marcar um horário é porque você tem alguma dor. Ninguém vai ao médico só para dar um "oi" para ele ou para jogar conversa fora; muito menos por saudades. Pessoas procuram ir ao médico porque sentem alguma dor, desconforto, mal-estar ou, no mínimo, por algo suspeito, que parece não estar certo.

Então você entra no consultório e relata o que está te incomodando. Fala para o médico o que sente, mas, nesse primeiro momento, nem você nem ele sabem muito bem o real motivo que está levando você a sentir aquela dor ou desconforto. O médico, por ter muita experiência ou por conhecer o seu histórico, pode suspeitar e diagnosticar clinicamente, mas, normalmente, ele precisa conhecer mais a fundo o problema. Logo, para você ser tratado corretamente, o médico precisará de um diagnóstico mais preciso e lhe pedirá alguns exames. Com o resultado dessa bateria de exames em mãos, ele dará uma boa analisada nas informações e, com base no seu conhecimento e vivência, poderá indicar medicamentos ou um tratamento de forma mais assertiva.

Agora eu vou te guiar por uma análise mais profunda de você. Será como entrar em uma daquelas grandes e seguras máquinas computadorizadas de exames médicos e, quando sair dela, terá em mãos o resultado para seguir o tratamento mais adequado de acordo com minhas orientações.

Comece relembrando quais são os tipos de prisão e um pequeno resumo de cada um:

Prisioneiro do Tempo
Sente-se lutando contra o relógio todos os dias e lhe faltam horas no dia.

Prisioneiro do Trabalho
Precisa do emprego para se sustentar, mas não suporta mais esse tipo de trabalho e acaba não rendendo o que poderia render.

Prisioneiro das Contas
Vive correndo atrás do rabo. O dinheiro do mês termina antes do dia 15.

Prisioneiro das Tarefas
Tem tantas microtarefas diárias que acaba só apagando incêndio e fica frustrado porque nunca faz o que realmente importa.

Prisioneiro da Saúde
Inverte os valores, acaba vivendo para comer e não comendo para viver. Não tem "tempo" para zelar pela sua própria saúde.

Prisioneiro das Emoções
Tem o moral destruído, autoconfiança não existe e os pensamentos dominantes são regidos por insegurança e medo.

Prisioneiro das Distrações
Sabe que desperdiça um bom tempo todos os dias em distrações como redes sociais, filmes e séries; e o seu dia acaba não sendo produtivo.

Prisioneiro do Desânimo
Tudo parece dar errado. O fracasso é o aliado da baixa autoestima e com o tempo para de tentar porque não acredita mais em si e a procrastinação toma conta de sua vida.

Agora avalie com quais tipos de prisioneiros você se identifica mais e a quais áreas da sua vida sente-se preso?

Com essa avaliação após a leitura, você estará se autoconhecendo melhor. É bem possível que você esteja se sentindo ainda mais desolado do que antes, pesado, como se estivesse carregando o mundo em suas costas. Você até tenta se mover, mas os movimentos são lentos e parece estar arrastando uma bola de ferro cada vez mais pesada junto ao seu corpo. Fique calmo, isso é natural. A boa notícia é que, assim como essas crenças que te impedem de prosperar, assim como elas foram instaladas, existem maneiras de arrancar isso tudo de dentro de você e libertá-lo para uma vida em abundância. Sim, uma vida com o que de melhor é possível vivenciar e obter.

Saiba que muitos tentarão te desanimar e desmotivar, dizendo que essa vida de abundância e plenitude não existe, que é uma vida fantasiosa. Que não existe uma vida extraordinária. Eu sei que, às vezes, até você mesmo não acredita nisso. Acha que é impossível ou que é algum tipo de pecado ter uma vida equilibrada e plena; uma vida feliz e próspera em todas as áreas. Eu posso te garantir que é possível. Que essa vida existe sim, porque eu vivo isso hoje. Mas quem sou eu para te dizer isso? Bom, só posso contar com a palavra do maior líder de todos os tempos: Jesus.

**"Eu vim para que tenham vida e a
tenham em abundância."**

(Jesus Cristo - João 10:10)

Todo esse processo, de uma vida abundante, começa com um diagnóstico. É preciso ter clareza do que está te impedindo, segurando ou amarrando, para te libertar dessas amarras e para poder recomendar um tratamento de forma mais direcionada e assertiva.

Neste momento você começará uma autoanálise. Quero que se concentre porque é muito importante que você olhe para dentro de si e classifique, por ordem de importância, do fundo do seu coração, o que realmente sente.

Vamos lá, concentre-se! Procure um lugar onde você possa pensar nisso sem que seja interrompido. Tire um tempo efetivamente para isso, a concentração é imprescindível.

Pode fechar o livro ou usá-lo para reler e relembrar, e então, pode ligar a sua máquina de autoexame.

Dê uma nota de 0 a 10. Dê 0 se você não se sente preso, não tem nada a ver com você ou seu momento de vida atual; dê 10 para o tipo de prisioneiro que você mais se identificou e que precisa ser libertado.

Agora você já sabe quais são os seus piores carcereiros. Com o diagnóstico claro fica muito mais fácil de seguir no tratamento rumo à merecida liberdade.

	0	1	2	3	4	5	6	7	8	9	10
Prisioneiro do Tempo											
Prisioneiro do Trabalho											
Prisioneiro das Contas											
Prisioneiro das Tarefas											
Prisioneiro da Saúde											
Prisioneiro das Emoções											
Prisioneiro das Distrações											
Prisioneiro do Medo											

Sabemos também que uma crença limitante é construída e criada dentro de nós, por meio de um forte impacto emocional ou de repetições, mas o que não te falei ainda, que é a parte boa disso tudo, é que o mesmo processo pode ser usado para reverter essa situação. Ou seja, por forte impacto emocional ou por repetição.

A forma que vamos atuar, e que depende somente de nós, é a repetição. Aqui, você repetirá determinada ação a fim de criar um hábito, para que possa suplantar uma crença destrutiva e preexistente.

O primeiro passo foi tomar ciência sobre o que você está lidando e já aprendeu o que é cada tipo de prisão, ou seja, obteve clareza para realizar uma autoanálise. Viu o grau de importância de cada prisão em sua vida e pontuou, de 0 a 10, para saber o que mais está te limitando a voar alto. Isso quer dizer que você já sabe onde deve colocar mais atenção.

Desse modo, escreva aqui qual foi o tipo de prisioneiro que você classificou com a maior nota e, caso tenha empatado algum deles, escolha apenas um:

É nele que você irá focar, e trabalhar, para que ele deixe de ser a sua maior dor e a sua maior trava para a prosperidade. Mesmo que você acredite que possa (ou deseje) trabalhar mais de um tipo de prisioneiro simultaneamente, preciso que entenda a importância de trabalhar um de cada vez. Acredite, eu não lhe recomendaria isso se não fosse absurdamente relevante para seu sucesso.

Em outro momento (você sentirá quando), pode pegar a segunda maior nota, a terceira e assim por diante. Mas, antes, faça o que eu digo: um prisioneiro por vez! Estou pedindo para que priorize porque as suas prioridades de hoje definirão o seu futuro.

Quando você se libertar, desbloquear o primeiro prisioneiro, girar a chave da sua primeira prisão, já poderá perceber uma enorme diferença na sua vida. Então peço que tenha calma e paciência nesta etapa.

Você vai voar, confie no processo. Estou aqui para te apoiar e te guiar para que você tenha uma vida totalmente diferente, com mais altos do que baixos e mais verões do que invernos. Por isso, confie no processo.

Entendo que algumas pessoas vão querer fazer mais de uma prisão ao mesmo tempo, mas reforço meu conselho de que você foque em apenas uma primeiro. Você sabe muito bem que quem deseja abraçar o mundo acaba não fazendo nada direito e assume a Síndrome do Pato — tem muitas habilidades e é multifunção: anda sobre a terra, nada sobre um lago e pode até voar se for necessário; mas nada do que ele faz é com perfeição.

Já parou para perceber que o pobre pato tem uma maneira de ser totalmente desengonçada?! Ele anda, mas parece que vai cair a cada passo que dá. Ele nada, mas não se compara com qualquer peixe ou espécie nadadora. Ele até voa, mas faz com péssima qualidade. Perto de outros pássaros fica até pior, imagine se comparado a uma ave de rapina. Seria até desleal tal comparação. Ou seja, ele faz muitas funções e isso prejudica muito a sua produtividade.

E o último aviso aqui: não espere soluções mágicas. Nada acontece da noite para o dia, não funciona assim. Será preciso ter paciência e constância. Um dia após o outro e o resultado vai aparecendo no médio prazo.

Pense, você está fazendo as coisas da mesma forma há muitos anos e, possivelmente, a vida toda, até aqui. Não será agora que você vai querer uma mudança repentina e que seja duradoura.

A mudança é lenta, porém progressiva. E só depende de você, porque a constância será mantida pelo seu nível de comprometimento e persistência consigo mesmo.

CAPÍTULO XIII

"

A gente não se liberta de um hábito atirando-o pela janela: é preciso fazê-lo descer de escada, degrau por degrau.

(Mark Twain)

CAPÍTULO XIII

HÁBITOS PODEROSOS — MÉTODO MECI

"A gente não se liberta de um hábito atirando-o pela janela: é preciso fazê-lo descer de escada, degrau por degrau."

Mark Twain

Se você procurar no dicionário pelo significado da palavra "hábito", provavelmente vai encontrar estes resultados:

HÁBITO

substantivo masculino

Maneira usual de ser, fazer, sentir; costume, regra, modo.

Maneira permanente ou frequente de comportar-se; mania.

Plural Hábitos: o mesmo que: costumes, manias, habitudes, praxes, rotinas, usanças, usos habituais.

Mas se eu pudesse resumir essa palavra em uma só frase seria:**mudança de vida!**

Existem dois tipos de hábitos, os considerados maléficos e os saudáveis, que aqui chamarei de **Hábito da Prosperidade (HP)**. Também são conhecidos como os Hábitos do Bem, ou seja, aqueles comportamentos diários que o levam, todos os dias, para o próximo nível. Eles ajudam você a ficar cada dia mais próximo dos seus sonhos, das suas metas e dos seus objetivos. Elevam o SER.

Já os maléficos, que são prejudiciais, costumo chamar Hábito do Fracasso **(HF)**. Também são chamados de Hábitos do Mal e, muitas vezes, mesmo sem querer, instalamos ou foram instalados em nossas vidas. Diferentemente de um HP, um HF te joga para o outro lado e vai te afastando, a cada dia, a cada minuto, dos seus objetivos de vida.

O que eu vou ensinar agora é uma ferramenta espetacular, que criei com o objetivo de ajudar no seu tratamento: é o método MECI.

O método MECI te levará a outro patamar. Fará você virar a página de tudo o que te trava para uma página novinha em folha, na qual você deixará registrada apenas a vida que sempre sonhou: uma vida em abundância, a vida que você merece ter.

A partir dessa nova página, você precisará analisar a sua rotina, o seu dia a dia. Utilizará aquela planilha de MTD que foi preenchida anteriormente porque ela servirá como base para a ferramenta do método MECI. Você precisará anotar as coisas que você faz repetidamente e que se encaixam no tipo de prisão que você classificou como a pior no capítulo anterior.

O primeiro passo será passar para a coluna de hábitos, da planilha do Método MECI, todas as atividades que você anotou lá na planilha MTD, e que você acha que se enquadra no seu pior tipo de prisão. Esses primeiros hábitos a serem anotados são aqueles que você já tem consciência e, com isso, fica muito mais fácil começar a trabalhar.

Planilha de Hábitos	Classificação (HP) Hábitos de Produtividade (HF) Hábitos de Fracasso		Método MECI (Manter, esquecer, criar, intensificar)			
Hábito	**HP**	**HF**	**M**	**E**	**C**	**I**

Essa ferramenta vai ajudar você a se conhecer melhor porque agora saberá quais são as tarefas que você precisa continuar fazendo, ou seja, os hábitos que você já tem e deve **Manter**. Também saberá quais são os hábitos que você precisa eliminar da sua vida e **Esquecer**. Também irá descobrir o que você precisa **Criar** e começar a fazer; e quais são aqueles hábitos que você deve **Intensificar** porque serão hábitos que você já tem, mas se colocar um pouco mais de foco, um pouco mais de força e atenção, te levarão para o próximo nível.

Mas, antes, você precisa ter clareza.

COMO FUNCIONA PARA PREENCHER A PLANILHA MECI

A título de exemplo, faça de conta que você classificou o Prisioneiro da Saúde e fará o MECI para se libertar dele. Será preciso ter foco e prioridade, lembra? Então, comece por ele e só depois faça para os próximos.

Os quatro passos do MECI, resumidamente, são os seguintes:

(M) 1. Quais são os bons hábitos que você já tem para a sua Saúde e que, necessariamente, precisam ser mantidos?

(E) 2. Quais hábitos você tem que te prejudicam e que precisam ser eliminados?

(C) 3. Quais hábitos você deveria criar, para ficar mais próximo do seu objetivo?

(I) 4. Por fim, quais são os hábitos saudáveis que você já tem e que deveria intensificar talvez mais vezes ou mais tempo?

Note que a primeira coluna a ser preenchida é a classificação de HP ou HF, isso é para facilitar o seu entendimento na hora de preencher o MECI. Um HF, por exemplo, só poderá ser jogado para o (E) e ser eliminado. Já um HP poderá ser um (M), um (C) ou um (I). Então, é importante que você seja o mais sincero e honesto possível.

Também é de suma importância que você invista um tempo aqui nessa análise. É daqui que nascerão suas transformações mais significativas. Valerá muito a pena, eu garanto.

Alerta: cuidado com os benefícios indiretos dos HF. Você pode estar ressignificando um HF, fazendo-o passar por um HP. Como? Seu cérebro pode ter encontrado aquela desculpa perfeita para não se livrar de um hábito maléfico já criado (mesmo que involuntariamente). Afinal, é mais fácil manter do que esquecer.

Quero aproveitar e compartilhar que tudo começou a mudar em minha vida após eu criar (C) o meu primeiro HP — meu primeiro hábito positivo criado propositalmente: o hábito da leitura. Sabendo que a leitura me levaria ao próximo nível, criei esse hábito poderoso em minha vida. Hoje, leio todos os dias.

Leio apenas dez páginas por dia, ou seja, em um mês são 300 páginas e, em um ano, 3.650. Eu poderia ler toda a Bíblia, três vezes por ano, somente com esse novo hábito. Agora, você consegue imaginar quando começar a fazer o empilhamento de hábitos poderosos? Querendo ou não, você vai voar! Alcançará coisas antes inimagináveis, alcançará a sua vida em abundância, exatamente como Jesus disse:

**"Novas histórias exigem
novos hábitos!"**

**"O sucesso que você não tem hoje,
depende de um só hábito que você
ainda não instalou!"**

CAPÍTULO XIV

"

*Quando me amei
o suficiente, comecei a deixar
tudo o que não era saudável.
Isso significava pessoas,
empregos, minhas próprias
crenças e hábitos. Abri mão
de qualquer coisa que me
mantivesse pequena.*

(Kim McMillen)

CAPÍTULO XIV

O PODER DA LIBERTAÇÃO É A AÇÃO QUE TE LIBERTA

"Quando me amei o suficiente, comecei a deixar tudo o que não era saudável. Isso significava pessoas, empregos, minhas próprias crenças e hábitos. Abri mão de qualquer coisa que me mantivesse pequena."

Kim McMillen

A vida é feita de hábitos, e o que difere o homem moderno dos seus ancestrais é saber e entender isso. Os primitivos procrastinavam porque não tinham o hábito de planejar o dia, muito menos a própria vida.

Você consegue racionalizar o motivo pelo qual passa anos fazendo coisas que muitas vezes nem sabe por que está fazendo? Não consegue se concentrar no que realmente importa e sempre abre mão do que precisa ser feito? Por que você tem a mania de empurrar com a barriga todas as coisas que precisam ser feitas para que você possa conquistar aquilo sempre sonhou?

Um estudo chamado *I'll do it tomorrow*, publicado no jornal *Psychological Science*, identificou um possível "gene da procrastinação". Tudo porque os ancestrais do homem contemporâneo não tinham o hábito de planejar. Eles tomavam as decisões pelo momento presente, pela sua própria sobrevivência e pela forma que viviam. Quando saíam para buscar alimento e surgia um predador, abandonavam o plano e se concentravam só no presente, ou seja, na própria proteção e sobrevivência.

| HÁBITOS QUE LIBERTAM |

As diversas distrações de hoje em dia são os predadores da vida moderna:

- redes sociais;
- propagandas;
- notificações do celular;
- e-mail;
- televisão;
- streaming;
- mensagens de WhatsApp.

Todas essas coisas que "pulam" à sua frente e te desconcentram, te "obrigam" a tirar o foco do objetivo principal e fazem com que você abandone ou postergue o plano maior para viver o presente, que é muito mais fácil e divertido.

É claro que é bem mais "gostosinho" bisbilhotar a vida alheia nas redes sociais, ver quem comeu o que, quem comeu quem e quem comeu onde ou ainda ficar horas naqueles joguinhos que não te levam a lugar algum; ou pior, contemplar "dancinhas" e memes.

Mas se você escolher a vida fácil, não reclame do dia difícil. Quando você escolhe o fácil agora, o "gostosinho", o "mumuzinho", a "vida mansa", tenho quase certeza de que seus dias serão difíceis daqui para o futuro.

**Faça o difícil hoje
para ter uma vida fácil amanhã.**

Entendo que tem muita informação que chega durante o dia todo, todos os dias e isso faz você ter o mesmo comportamento pré-histórico, ou seja, deixa de lado o objetivo principal do seu dia para se concentrar naquilo que acabou de "pular" na sua frente. Uma das coisas mais difíceis, principalmente nos tempos atuais, com tantas distrações, é manter o foco.

Eu já tive esse mesmo problema. Ficava abrindo sites diferentes o tempo todo. Parecia que eu tinha que fazer três ou quatro coisas ao mesmo tempo para ser produtivo e, o pior de tudo, eu me achava muito produtivo porque eu estava sempre fazendo alguma coisa. Eu não parava. Falava ao telefone enquanto digitava algo no computador ou fazia os cálculos financeiros da empresa enquanto assistia a algum vídeo.

Você acha que a conversa que estava tendo ao telefone era de qualidade? E as planilhas de cálculos financeiros ficavam boas? Na verdade, eu não estava fazendo nada focado.

Confesso que até hoje eu tenho esse desafio. Preciso lutar contra meu ímpeto de ficar olhando para o celular a cada dois minutos apenas para me certificar de que não tem alguma nova mensagem a que eu precise responder. Sem falar que a cada sinal sonoro do celular eu parava o que estava fazendo, para atender, sem filtro. Atendia 100% das chamadas. Isso não faz sentido algum. Só fazia com que, na maioria das vezes, o meu dia fosse nada produtivo.

Vou contar o que eu fiz para mudar esse hábito. Um pequeno macete que me fez melhorar muito nesse quesito. Foi realmente da água para o vinho.

Uma única ação: desativei todas as notificações do celular e coloquei-o no modo silencioso.

Ou seja, o celular que hoje seria o grande vilão não me incomoda mais. Percebi isso porque comecei a analisar que aos fins de semana, eu costumava ser muito mais produtivo. Entendi que nesses dias eu não tinha chamadas de trabalho, ligações ou mensagens querendo a minha atenção, logo, no final do dia, eu tinha produzido muito mais.

Você pode estar se perguntando, mas como vou ficar sabendo das coisas que estão acontecendo? E se tiver alguma emergência?

Calma lá. Sei que em um primeiro momento parece ser uma atitude extrema, mas vou te dar o caminho para que seja muito tranquilo. O primeiro passo é desativar todas as notificações de seu celular, e também aconselho a deixá-lo totalmente no modo silencioso.

Entendo que neste momento comece a bater o pavor só de imaginar. Há quem comece a suar as mãos e alguns possam até querer esconder os aparelhos. Mas eu asseguro que isso também é uma questão de hábito e que essa sensação, que realmente é um pouco desagradável no começo, após um tempo, muda totalmente. A sensação será de liberdade. De controle da própria vida.

Mas para isso dar certo desde o início programe-se para ter um intervalo sadio para respostas. Por exemplo, a cada uma ou duas horas você pega o celular, se atualiza, responde ao que for necessário e volta ao trabalho.

O ideal é que você também estipule um tempo máximo para dar atenção às notificações e chamadas. Evite se prolongar nas redes sociais para não ficar "vagando" de post em post, "scrollando" de algum perfil "mais interessante" e colocando atenção na vida alheia.

Fique tranquilo porque seus familiares, pessoas importantes e amigos próximos certamente saberão como te encontrar se precisarem de um contato urgente ou se surgir uma emergência, de verdade. Se for o caso, coloque esse aviso nas suas redes sociais ou aplicativo de mensagens: "Respondo em no máximo uma hora". Pronto! Seu celular não comanda mais o seu dia. Dessa forma, você não estará mais sendo reativo. Não será mais o celular que te comanda. É você sendo ativo e no comando da sua própria vida.

A sensação é espetacular.

Sério, faça isso agora. Não quero que você procrastine isso, feche o livro agora, e faça. E só volte a ler depois dessas tarefas prontas: desabilitar notificações e comunicar tempo de resposta.

Você vai me agradecer por isso. Acredite.

CAPÍTULO XV

"

*O segredo da vida
é determinado
pelo que você busca.*

(Gian Lisboa)

CAPÍTULO XV

AS CHAVES DA LIBERDADE

"O segredo da vida é determinado pelo que você busca!"

Gian Lisboa

Imagine uma cadeira com quatro pernas e um assento. Ela representa os quatro pilares que sustentam a sua vida.

A primeira perna representa o seu lado pessoal. Tudo aquilo que você sonha fazer e que poderia ser traduzido como sua realização pessoal, por meio do seu Propósito de Vida, daquilo que você veio fazer neste plano e que reflete a sua real missão.

A segunda perna refere-se à sua vida profissional. O que você faz para se sustentar. Essa perna é regida pelo nosso suor de todos os dias. Mas o que acontece com a maioria das pessoas, infelizmente, é que sete em cada dez pessoas não gostam do próprio trabalho. É o que diz uma pesquisa feita em Harvard. Logo, para voltar a colocar sua vida e sua carreira nos eixos, você precisa voltar a sonhar grande.

A terceira perna é o Financeiro. E agora é a hora que vai ter gente rasgando o livro — risos. Espero que você não fique irritado só porque tem crenças limitantes sobre o dinheiro; mas tenha calma que já vou explicar. Todas as pessoas, sem exceção, pensam no dinheiro e precisam dele para a sobrevivência. Quando não o tem, sofrem; alguns, até por antecipação. Eu acredito que podemos tê-lo em abundância.

Acredito fielmente que dinheiro serve somente para três coisas:

1. **Garantir segurança e liberdade.**

2. **Realizar sonhos.**

3. **Ajudar pessoas.**

Escutei de um mentor que eu tinha a obrigação de enriquecer para poder transbordar e fazer a diferença na vida das pessoas. Essa chave foi tão poderosa para mim que quebrou a minha crença de não merecimento e a partir dali tudo começou a melhorar. Minha conta bancária começou a aumentar e nunca mais tive problemas com falta de dinheiro. Comecei a ajudar muito mais pessoas todos os meses. E caso você tenha comprado este livro, saiba que também ajudou porque 50% de todo o direito autoral será doado.

Então, se não for por você, ao menos faça pelos outros.

A quarta, e última, perna é uma das mais importantes: a Espiritualidade. Se conectar com algo maior, independentemente de religião ou credo, trabalhar a sua mente para essa ligação é tão importante quanto todo o resto que já falamos aqui. Permita-se ampliar sua percepção para algo maior do que você.

Essa mesma cadeira tem um assento e nele que está toda a sua vida. Todas as áreas: família, amigos, pai, mãe, filhos, vida social, conjugal, saúde, absolutamente toda a sua vida. Logo, todas essas áreas estão tendo que se equilibrar para não cair. Para que elas não caíam, as quatro pernas dessa cadeira precisam ter o mesmo tamanho, equilibradas, recebendo a mesma atenção.

Isso significa que não adianta você olhar só para a perna do financeiro se a perna do pessoal estiver sendo deixada de lado. Ou trabalhar com afinco para chegar tarde em casa e, nesse momento que seus filhos estão saudosos, você simplesmente não dá atenção para ninguém. Só quer um bom banho, comer algo, descansar em paz para acordar no outro dia e reiniciar todo esse ciclo, esquecendo de ser grato por tudo o que tem e de se conectar com sua espiritualidade.

Entenda que você só estará tranquilo se todas as quatro pernas estiverem alinhadas, em equilíbrio. Ninguém se sente tranquilo em uma cadeira bamba. Muito menos poderá se jogar nela para descansar ou ficar com os pés para cima, relaxado.

Ter as pernas do Pessoal, Profissional, Financeiro e Espiritual alinhadas é essencial para manter o Equilíbrio.

Ao ter tudo o equilibrado você estará pronto para poder se escorar, garantindo Tranquilidade.

CUIDADO:

Não confunda Tranquilidade com Zona de Conforto.

É engraçado ver que quando eu falo em produtividade, muitas pessoas me taxam como um workaholic. Um dia desses, fui xingado nas redes sociais e a moça disse: "não é só trabalho que importa!".

Mas é justamente o contrário mesmo. Produtividade é fazer mais e melhor no mesmo tempo, ou, produzir a mesma coisa em menos tempo. Justamente "porque não é só trabalho que importa", mas, sim, sabedoria para fazer "sobrar tempo" ou ter maior rentabilidade para, então, poder fazer mais coisas e aproveitar melhor a vida, com tranquilidade nas outras áreas da sua roda da vida.

Vou exemplificar isso: Adão é um produtor de bolos artesanais. Trabalha nove horas por dia e consegue produzir dez bolos no seu processo manual, mas como ele tem uma demanda reprimida, sempre deixa de atender alguns clientes. Por esse motivo, foi atrás de se especializar e fez um curso chamado "Excelência na produção de bolos artesanais". Nesse curso, ele aprendeu uma técnica avançada de como preparar a massa unificada e, com isso, reduziu o tempo de preparo. Ele também aprendeu que, ao usar um ingrediente especial, poderia fazer o bolo assar mais rápido, assim, a produção teria um menor tempo de forno. Adão decidiu comprar mais um forno e passou a produzir 30 bolos por dia, em apenas sete horas de trabalho. Ele agora tem uma renda maior e "sobrou" tempo para curtir o seu filho e a sua família.

HÁBITOS QUE LIBERTAM

Esse é um típico exemplo de como ser mais produtivo. Mas veja que, para isso, Adão teve que dar um passo atrás. Precisou parar de trabalhar como uma máquina que era boa, mas não era produtiva. Foi obrigado a colocar os óculos da realidade para poder ter um olhar de fora para dentro; o olhar que o fez enxergar o que realmente era preciso ser feito. A realidade o fez perceber que precisava produzir mais, produzir melhor, pois estava perdendo todos os dias tempo de qualidade com a sua família e o crescimento de seu filho.

Quanto vale ver os primeiros passos de seus filhos?

É assim que você tem que fazer também com tudo em sua vida. Entender que, às vezes, é um passo atrás e um olhar de como ser mais produtivo que farão com que você conquiste o equilíbrio em todas as áreas que estão sobre a cadeira da vida. Assim, você poderá relaxar verdadeiramente com tranquilidade.

CAPÍTULO XVI

"

Quando tudo parecer estar indo contra você, lembre-se de que o avião decola contra o vento, não a favor dele.

(Henry Ford)

CAPÍTULO XVI

HÁBITOS DA SUPERPRODUTIVIDADE

"Quando tudo parecer estar indo contra você, lembre-se de que o avião decola contra o vento, não a favor dele."

Henry Ford

Quando eu imaginava uma pessoa rica e próspera, na minha mente surgia um ciborgue, uma espécie de robô, um bruxo ou ainda uma pessoa cheia de secretários e secretárias. Mas não é bem assim.

Se você analisar como essa pessoa trabalha, de forma eficiente, é possível entender melhor o que ela faz para superar os desafios do dia a dia e como ela aumenta a própria produtividade.

Pessoas como Bill Gates, Jeff Bezos, Tim Cook, Elon Musk e Barack Obama, por exemplo, têm as mesmas vinte e quatro horas que eu tenho e que você tem. A diferença está realmente na administração do tempo. Como que essas pessoas têm grandes feitos em suas carreiras e utilizam as mesmas 24 horas do dia? Isso me deixou tão intrigado que um dia desses eu fui pesquisar quais eram alguns dos hábitos desses "seres" que são considerados os super-humanos.

Também me questionei sobre por que outras pessoas passavam o dia inteiro sem fazer nada de útil, e outras perdiam uma vida inteira na busca de um lugar ao sol.

Descobri que a única diferença é que elas são produtivas e fazem o que precisa ser feito por meio de hábitos que libertam.

Por exemplo, um hábito dos grandes nomes mundiais é o de acordar cedo, mas eles também dormem o quanto necessitam. O tempo de sono, recomendado por médicos, é de que você durma entre sete e nove horas por dia para conseguir descansar, mas esse número varia de pessoa para pessoa. No caso de Bill Gates, por exemplo, sete horas são suficientes. Jeff Bezos diz que costuma dormir oito horas, enquanto Elon Musk dorme um pouco mais de seis horas. Entretanto, todos afirmam que dormem o suficiente para estar com todo o gás no outro dia, sendo produtivos e muito mais eficientes.

É nítido que o gerenciamento do tempo é crucial para todas as pessoas de sucesso.

Ciente disso, você já pode parar de inventar desculpas, que são verdadeiras bengalas em que você se escora de forma confortável. Levante essa bunda do sofá e comece hoje, agora mesmo, a mudar a sua vida.

Eu acredito piamente em um mundo mais justo e em um mundo onde todos aqueles que realmente desejam podem sim alcançar uma vida foda. De deixarem um legado para seus filhos e netos em vez de somente um vazio. Um nada. Mas sim uma história digna de ser contada. Você merece fazer isso.

CONSIDERAÇÕES FINAIS

Parabéns por ter chegado ao final deste livro. Eu sabia que você conseguiria. Inclusive afirmei isso, lá nas primeiras páginas, que seria possível. Tenho certeza de que este caminho foi de grande aprendizado e agora, que você concluiu essa leitura, o trabalho continua.

Você precisa seguir em frente e colocar em prática os ensinamentos e as ferramentas aqui aprendidas, diariamente em sua vida. Faça direitinho e perceberá que em pouco tempo terá resultados impressionantes. Quando menos esperar, você estará tirando projetos do papel, vai realizar muita coisa que antes só eram sonhos. Terá uma vida muito mais equilibrada. Poderá sentar e se escorar na cadeira da tranquilidade. Confie no processo porque no final a conta fecha. Vai por mim.

Quero continuar junto de você nesta jornada. Conte comigo. Deixe um comentário nas minhas redes sociais, assista aos conteúdos gratuitos em meu canal do YouTube e deixe uma mensagem para mim. Terei o maior prazer de lhe responder e a alegria de receber o seu feedback sobre este livro.

Lembre-se sempre: o jeito que você faz uma coisa é o jeito que você faz todas as coisas. Somos seres de hábitos. Então comece hoje mesmo a intensificar e criar os hábitos de produtividade, manter os bons hábitos que você já tem e eliminar ou esquecer os hábitos que te levam para a direção contrária.

#nãopara
E a gente se vê no próximo nível.

NÃO PARA! NÃO PARA! NÃO PARA!

Quer continuar aprendendo?

| HÁBITOS QUE LIBERTAM |

CONTINUE SEU PROGRESSO POR MEIO DAS REDES SOCIAIS E CONTEÚDOS GRATUITOS:

gian.lisboa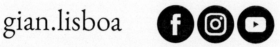

WWW.GIANLISBOA.COM.BR